【文庫クセジュ】

100語でわかる西欧中世

ネリー・ラベール／ベネディクト・セール著
高名康文訳

Que sais-je?

目次

序文 —— 9
寓意（ALLÉGORIE） 11
年代記、編年記（ANNALES, CHRONIQUES） 11
古代（ANTIQUITÉ） 14
アーサー王（ARTHUR） 15
作者（AUTEUR） 16
冒険（AVENTURE） 18
アヴェロエス主義（AVERROÏSME） 20
美醜（BEAUTÉ ET LAIDEUR） 21
ベネフィキウム（恩貸地、聖職禄）（BÉNÉFICE） 23
動物寓意譚《ベスティエール》（BESTIAIRE） 24
聖書（BIBLE） 25
図書館（BIBLIOTHÈQUE） 27
謝肉祭（CARNAVAL） 29
大聖堂（CATHÉDRALE） 30

尚書局長（CHANCELIER） 31
武勲詩（CHANSON DE GESTE） 32
城、城代《シャトラン》（CHÂTEAU, CHÂTELAIN） 33
騎士（CHEVALIER） 35
聖職者（CLERC） 36
コミューン（自由都市）（COMMUNE） 38
公会議（CONCILE） 39
告解（CONFESSION） 40
信心会（CONFRÉRIE） 42
組み立てる（CONJOINDRE） 43
助言（CONSEIL） 44
十字軍（CROISADE） 46
奥方、姫君、乙女（DAME, DAMOISELLE, PUCELLE） 47
献辞（DÉDICACE） 49
開墾（DÉFRICHEMENTS） 50
法（DROIT） 52
書くこと（ÉCRITURE） 54
教会（ÉGLISE） 54
帝国（EMPIRE） 56

百科全書（ENCYCLOPÉDIE）　58
彩色装飾（ENLUMINURE）　60
剣（ÉPÉE）　61
国家（ÉTAT）　62
破門（EXCOMMUNICATION）　63
道徳的逸話《エクセンプルム》、聖人伝（*EXEMPLUM* ET VIE DE SAINT）　64
ファブリオー（FABLIAUX）　65
妖精（FÉE）　67
封建制、封土（FÉODALITÉ, FIEF）　69
至純の愛、宮廷風恋愛（*FIN'AMOR*, AMOUR COURTOIS）　71
大市（FOIRE）　72
フォルトゥナ（FORTUNE）　74
ゴリアール（GOLLIARD）　75
グラアル（GRAAL）　76
恩寵（GRÂCE）　77
異端（HÉRÉSIE）　78
名誉（HONNEUR）　79
租税（IMPÔT）　81
レー（LAI）　82

ランスロ（LANCELOT）83
君主の威厳（MAJESTÉ）84
写本（MANUSCRIT）86
マルコ・ポーロ（MARCO POLO）87
メルラン（MERLIN）88
驚異（MERVEILLE）89
君主鑑（MIROIR DES PRINCES）90
修道士（MOINE）91
テクストの可動性、可変性（MOUVANCE, VARIANCE）92
中世（MOYEN ÂGE）93
貴族（NOBLESSE）95
唯名論（NOMINALISME）97
オック語／オイル語（OC/OÏL）100
公職（OFFICE）101
口承性（ORALITÉ）102
托鉢修道会（ORDRE MENDIANT）104
軍役（OST）105
平和（PAIX）107
教皇庁（PAPAUTÉ）108

高等法院（PARLEMENT） 109
小教区（PAROISSE） 111
貧困（PAUVRETÉ） 112
農民（PAYSAN） 114
罪（PÉCHÉ） 115
巡礼（PÈLERINAGE） 117
ペスト（PESTE） 118
媚薬（PHILTRE AMOUREUX） 119
多声音楽（POLYPHONIE） 120
煉獄（PURGATOIRE） 121
改革（RÉFORMATION） 123
笑い（RIRE） 124
『薔薇物語』（*ROMAN DE LA ROSE*） 125
ロマニア（*ROMANIA*） 126
スコラ学（SCOLASTIQUE） 129
領主制（SEIGNEURIE） 130
夢、幻視（SONGE, VISION） 133
阿呆劇《ソティ》、塡め込み詩《ファトラジー》（SOTTIE, FATRASIE） 134
タペストリー（TAPISSERIE） 136

本文中で単語に続けて置かれるアステリスク*は、その語が本書の項目になっているということを意味する。

序文

一〇〇〇語で中世の千年について書く！　これが、この著作が受けて立とうと試みた無理な挑戦である。間違って認識されていることがあまりにも多いこの文学・歴史上の時代をもっとよく知ってもらうため、一〇〇〇の定義を提示した。

しかし、中世とは何だろうか？

公式には、中世は四七六年の西ローマ帝国の崩壊に始まり、一四九二年の新世界の発見に終わる。しかし、こういった制度的区分はまやかしである。中世が、その十世紀間ずっと利用してきたローマの遺産のことも、十五世紀以降も持続する中世的な雰囲気についても、千年間の中での地理的、時代的な区分についても説明してくれない。年表には危機や建設の時期がちりばめられているが、そこにある動乱についてはなおさらだ。このように複雑で多様な中世について一〇〇〇語で書くという無謀な賭けに応じるために、私たちはこの時代の西洋における諸相だけに言及することにした。豊かなビザンティン帝国も、イスラムの若く躍動的な文明も取り扱わないことにした。同様に、辞書や用語辞典のようにすべての語を徹底的に定義することではなく、J・ホイジンガが二十世紀初頭に「薔薇の香りと血の匂い」が混じりあっていると言った中世の雰囲気のなにがしかを把握することが問題なのだった。このようなわけで、歴史家と文学研究者が視線を交錯させることで、時として把握するのが難しい現実と、豊かであると同時に複雑な文学について説明しようとした。フランス語は中世に生まれたが、ジャンルが定まらないまま、学術的テクストとフィクションのテクストを混ぜ合わせた文学の生産にいまだに奉仕していた。この時代にはまだジャンルの概念がなかったのだ。アーサー王や、グラアルや、トリスタンとイズーは、重要な形象となり、今もなお反響して、集団的記憶の中で、この古い時代を一つの現実にしている。

歴史上の暗い時代、という例の定義にはほど遠く、中世は、感動させてくれるのと同じ位に驚愕させてくれる。ここでは、現代性と伝統とが、それらに似せて築かれた一〇〇語の中に表現されたがっている。現代の読者が、次のようにこの時代を思い描くことができますように。他者であるが、全く同時に自分のものでもある、と。

寓意　ALLÉGORIE

「愛」、「拒絶」、「中傷」、「知恵」。これらはすべて、中世の舞台、詩の世界、物語の中で象徴照応のネットワークに基づいて意味作用が起こる過程を体現する登場人物である。実際に、寓意はしばしば象徴と比較される。前者は後者を細分化して増幅させたものということになるだろう。宗教に関するテクストが広くこれを使った（たとえばキリストを象徴するペリカン）が、俗語文学も中世*の終わりには、薔薇*を美と純粋と愛の象徴とするギヨーム・ド・ロリスの『薔薇物語』*〔一二二〇～四〇年頃成立〕にならって、おおいにこれを使った。

なにしろ、中世の知的なテクストを読めば、ものごとを総括的に把握しようという知の欲求の中に小宇宙と大宇宙という概念を理解するように仕向けられるものだが、その知は寓意を通して伝えられるのだ。それらのテクストは、次のような名称である。動物寓意譚《ベスティエール》*（動物に関する論）、金石誌（魔力や薬効を持つ鉱石に関する論）、植物誌（魔力や薬効を持つ植物に関する論）、暦法（月日の寓意的な意味について研究する教会暦に関する論）、世界図（既知の世界の果てに想像上の宗教や怪物を示す地誌）。

年代記、編年記　ANNALES, CHRONIQUES

歴史書、年代記、編年記、英雄の伝記、回想録は、さまざまな形の歴史叙述に相当するが、どれもが王国で起こった主要なできごとについての証言である。歴史編纂者は編纂、すなわち古文書館や口伝えの証言を元にした作業によって、もしくは自分自身が歴史的事件に刻み込まれることにより、記憶装置としての役割を果たすが、政治につきあたる。王や皇帝の権力も教会も都市共同体も、中世には既に歴史をイデオロギー上の目的で利用していたからである。

古代*と中世初期の歴史家と年代記作者の中で重要な人物としては、聖アウグスティヌス、オロシウス〔四世紀から五世紀初頭のスペインの司祭、歴史家。聖アウグスティヌスの弟子となった〕、トゥールのグレゴリウス[1]、セビーリャのイシドルス[2]がいる。彼らは、歴史はつねに高位聖職者の所有物であるという見方を体現していた（四〜七世紀）。その後、修道士たち〔の文化〕とシャルルマーニュの治下における学殖の始まり（八〜九世紀）は、別様の歴史編纂を促進することになり、尊師ベーダ[3]（六七三〜七三五年）、パウルス・ディアコヌス（七二五頃〜七九九年）〔ランゴバルト族の貴族出身のイタリアの歴史家。『ローマ史』、『ランゴバルド史』を著わした〕、アインハルト（七七〇頃〜八四〇年）〔カロリング朝期のフランク王国の歴史家。主著は『カルル大帝伝』〕がこれを実現した。かくして、修道士と聖堂参事会員たちは、ランス大聖堂の人びと〔ランスのヒンクマール、フロドアール[4]、リシェ〕にせよ、フルーリ修道院の人びと〔フルーリのエモンとフルーリのユーグ〕にせよ、彼らが精神生活を営む場を歴史の場として、また彼らの作品を記憶の建造物として確立した。「新しい歴史家」となった托鉢修道士たちは、とくにヴァンサン・ド・ボーヴェ[5]とベルナール・ギー[6]によって名を上げた。彼らと対になるのが、俗語で政治を記録した歴史家で、ブルターニュの歴史家〔ゲマール『イングランド人の歴史』一一三五〜四〇年、ワース『ブリュ物語』一一五五年頃、ブノワ・ド・サント＝モール『ノルマンディー公列伝』一一七四年頃〕や十字軍*史家と呼ばれる人びとである〔中世において「ブルターニュ」という語は、ブリテン島とブルターニュ半島を指す〕。「直接の歴史編纂」を出現させた第一回と第二回十字軍はラテン語での歴史編纂に多くの主題を与えた。しかし、本当に同時代の歴史叙述に道を開いたのは第三回と第四回の十字軍であるように思われる。それは、ロベール・ド・クラリ[7]、ジョフロワ・ド・ヴィルアルドゥワン[8]とジョワンヴィル[9]によるものである。報告書であると共に社会参加のテクストでもあるこれらの物語は、作者によって語られる事件だけでなく、事件の背景となる政治的な目的を明らかにしてくれる。ジャン・フロワサールは、四巻からなる『年代記』によって歴史編纂の記述に散文を使用することを認めさせた[10]。

(1) 六世紀のフランク王国の歴史家、聖職者。主著『フランク史』は初期メロビング朝についての重要な資料になっている〔訳注〕。
(2) 五六〇頃〜六三六年。スペインの教会博士、神学者、歴史家。著書『語源論』は、中世を通して百科事典として参照された〔訳注〕。
(3) アングロ・サクソン時代の聖職者、神学者、歴史家、科学者。天文学、医学などほとんどすべての学問分野に通じ、四〇編近い著作を残した。歴史書としては、『英国民教会史』を著わした〔訳注〕。
(4) ランス大司教(在位八四五〜八八二年)。管区への教皇や王の介入を排除し、大司教の権威を絶対化した。西フランク王カール二世の宮廷において政治的権力をふるった〔訳注〕。
(5) 十二世紀末〜一二六四年。ドミニコ会第一世代の修道士に属し、ルイ九世およびその近習の周辺で活躍して、自然、教理、歴史の三部からなる百科全書『大きな鏡』(Speculum majus)を著した〔訳注〕。
(6) 一二六一頃〜一三三一年。トゥールーズ地方の異端審問官として知られているが、歴代の教皇、皇帝、フランス王についての年代記を執筆した人物でもある〔訳注〕。
(7) 一一七〇頃〜一二一六年。ピカルディーの騎士に仕え、第四回十字軍に参加。『コンスタンチノープル遠征記』を著す〔訳注〕。
(8) 一一五〇頃〜一二一三年頃。シャンパーニュ伯ティボー三世の元帥として第四回十字軍に参加。『コンスタンチノープル征服記』を著す〔訳注〕。

(9) 一二二四～一三一七年。フランス王ルイ九世の顧問官。『わが聖王ルイの聖詞ならびに善行の書』（一三〇五～九年）を著す〔訳注〕。

(10) 以上、ゲマールからフロワサールについては、ヴェルダン＝ルイ・ソーニェ『中世フランス文学』神沢栄三／高田勇訳、白水社（文庫クセジュ）の七七～八〇頁に詳しい記述がある〔訳注〕。

古代 ANTIQUITÉ

「中世は古代を全く知らない。ギリシャ語とラテン語のテクストが再発見されるにはルネサンスを待たなくてはならなかった。」というのは、あまりにも広く流布されているが、訂正を要する間違った考えである。

というのも、俗語と知識人の言語は中世*全体を通して共存していたので、学識ある読者は古代のテクストにアクセスすることが可能だった。カロリング期の修道士たちはとくに、われわれがこんにち読んでいるヴェルギリウス、オウィディウス、キケロの作品に近づくための道を開くことに励んだ。しかし、さらに加えるに、知の内容が変容したのは、新プラトン主義の伝統と、十二～十三世紀以降アリストテレスのテクストが徐々に再発見されたことによる。ジャン・ド・マンの『薔薇物語』〔一二七五～八〇年頃成立〕のようなテクストは、これらを換骨奪胎して、この非キリスト教文芸の伝統をみずからの思考方式に組み込もうとした。中世の「翻訳（ラテン語 translatio）」の概念〔訳すことと適応させること〕〔本書の「移し替え《トランスラーティオー》」を参照のこと〕では、人間に関する不完全な開闢説に意味やそれ以上のものを与えるのは、「現代人」たる中世の作者たちの仕事ということになる。オウィディウスの『変身物語』を宗教的な道徳譚化した十四世紀の韻文作品『道徳版オウィディウス』がそれである。また別様に、ヘクトール、アイネイアース、アレクサンドロスの周辺に政治的な模範を作る「古代物語」と呼ばれる作品についても当てはまることである。

アーサー王　ARTHUR

アーサーとは誰だろう？　五世紀末の歴史的な人物か？　七世紀のケルトの民間伝承における登場人物か？　十二世紀の文学における創造か？　アーサーは、ジェフリー・オブ・モンマスの筆になる『ブリタニア列王史』（一一三五～三八年）に初めて現われるあの伝説上の王である。ウーゼル・ペンドラゴン王とコンウォール公ゴルロイスの妻イグレーヌの息子ということになろう。クレティアン・ド・トロワの作品（『エレックとエニード』一一七〇年、『イヴァンまたは獅子の騎士』一一七七～八一年、『ランスロまたは荷車の騎士』一一七一～八一年、『ペルスヴァルまたは聖杯の物語』一一九〇年以前）において物語化され、「ランスロ＝聖杯《グラアル》」（一二一五～三五年）や『散文トリスタン物語』（一二三〇～三五年。十四世紀前半まで発展し、四つの版が残る）において空想的な人物となったアーサーは、映画、版画、絵画、漫画、音楽に着想を与えてきた。

　アーサーは、中世*文学の最も実り多い矛盾を体現している。アーサーが存在したことや、ブリトン人の王であったことを証明するものは何もない。おそらくは架空の王であるアーサーが空想を産み出してきたことに異論はない。中世以降、リライト（続編）に素材を与え、騎士道にかなった勇気、宮廷風恋愛、神秘的な探索といった冒険*のテーマと、アーサー王の世界に繰り返し登場する登場人物の周りに根づいた伝説を作り上げた。登場人物にはグニエーヴル、ランスロ、メルラン、*妖精ヴィヴィアンヌとモルガン、ペルスヴァル、ゴーヴァンらがいる。さらに、アーサーという人物は、権力との関係について問いを発する。アーサーは権力の正当性と（大小の）ブルターニュの過去の偉大さを象徴している。島国の王朝における国民的な英雄として、ブルトン人にとっては、フランス人にとってのシャルルマーニュと等しい存在になった。世俗的驚異と宗教的驚異が混じり合ったことにより、アーサーに関連する要素（愛剣エクスカリバー、王国で最良の騎士たちをその周りに集める円卓、聖杯*の探求、ワースによるとモルドレによって傷を負わせられた後に運び込まれたアヴァロンの地）は、冒険*を大いに益することになった。

しかし、『アーサー王の死』が物語群を閉じる際には、感情は乱れ、宮廷は戸惑い（アーサー王の妻グニエーヴルは、最良の騎士ランスロの愛人でもある）、冒険は放浪に転じる。死は特別な運命の終わりを刻印するものであるが、神話に変質しようとする伝説への道を逆説的に開いた。

作者 AUTEUR

作者の概念を定義することとは、中世*にこの語をあてはめる場合、難儀な仕事、いや無理な賭けですらある。というのも、創造するのは神のみである以上、作者はなによりもまず、神の創造物をできるだけ正確に写そうとする職人ということになる。中世において作者とは、語源から言って文学的な素材を増加させ増大させる（ラテン語 augere）人アウクトル（ラテン語 auctor）であるのと同時に、為《な》す（ラテン語 agere）人ということでもある。後者を表わすアクトル（ラテン語 actor）は、伝統の作り手であるアウクトルに対して、同時代の作家、ただの作家を指す。それゆえに、アウクトルの作品を読むべきだということになる。そこには権威《アウクトーリタース》（ラテン語 auctoritas）、すなわち外典でないか正典のテクストにあるような権威、および価値、すなわち世俗のテクスト一般とは対照的なキリスト教的真実への敬意があるからである。

俗テクストたる詩の伝承に、アクトルは神の完全さを写すという目的に達するため、「耕作」という業をなす職人として参加する。「作る人（facteur, faiseur, faititre）」（faititre はラテン語の factitor に由来する）、「修辞家（rhétoricien）」、「修辞学に長けた人（rhétorique）」、「韻を踏む人（rimeur, rimant）」、「作詩する人（versifieur）」、「文芸家〔の聖職者〕（philosophe）」のどれを名乗ろうと、作者は文学テクストを構成するために能力を結集する職人である。ジャクリーヌ・セルキリーニ＝トゥーレは書くという行為について空想を巡らし描いたが、それを表現するために詩的活動の隠喩が豊富に用いられている。種まき、耕作、収穫、落ち穂拾い、接ぎ木（クレティアン・ド・トロワ、リュトブフ〔十三世紀後半の詩人。聖者伝、ファブリオー*、風刺詩まで、幅広いジャンルの作品を残した〕、クリスティーヌ・ド・ピザン[1]、マルタン・ル・フラン[2]、フランソワ・ヴィヨン）。大工仕事、左官工事、建築（ギョーム・ド・マショー[3]、クリスティーヌ・ド・ピザン、アントワーヌ・ド・ラ・サール[4]）。陶器作り、機織り、料理（ポッジョ〔一三八〇～一四五九年、イタリアの人文学者、文献学の開拓者〕）。航海（ジェルベール・ド・モントルイユ〔『ペルスヴァル』第四続編（一二二六～三〇年頃）の作者〕）。翻訳家もまた、このような学僧の一家と縁続きになっている。彼が自分の活動で出会った困難さ（難解なラテン語、冊子に欠落があったことなど）に注意を促すのは、しばしば言語を巡る自分の仕事に鋭い意識をもってのことである。

（１）一三六四～一四三〇年頃。宮廷風恋愛をテーマにした抒情詩にすぐれ、女性擁護の立場から『薔薇物語』をめぐる「女性論争」に身を投じた〔訳注〕。
（２）一四一〇頃～六一年。「エレミア書」の俗語訳の他、教訓文学作品をものした。その中に「女性論争」にあたってジャン・ド・マンを攻撃した『女性陣の選士』（一四四二年）がある〔訳注〕。
（３）一三〇〇頃～七七年。ノルマンディー公シャルル、ブルゴーニュ公フィリップらの宮廷で活躍した詩人、作曲家〔訳注〕。
（４）一三八六～一四六〇年頃。アンジュー伯、ブルゴーニュ公の宮廷に仕えた文人。『小姓ジャン・ド・サントレ』の作者〔訳注〕。

この項目で言及されている文献

J. Cerquiglini-Toulet et al., *La littérature française : Dynamique et histoire*, dir. Jean-Yves Tadié, Paris : Gallimard, 2007, t. 1, pp.150-155

冒険　AVENTURE

冒険は、アーサー王物語における筋立ての原動力であり、戦士としての、また愛と精神の自己超越をそこに同時に見出す騎士の満足の源であり、そこに語りの原動力を見る物語の争点でもあり、中世*における文学テクストの中心になっている。ラテン語の advenire に由来する冒険は、字義通りには「起こるべきこと」ということである。とはいえ、中世のテクストの中で最もよく使用される語の一つでありながら、これを定義するのは極めて難しい。実際、冒険はどこからやって来るのだろう？　誰が冒険の送り主なのか？　神か、偶然か、はたまた神慮だろうか？

ゆえに、中世のテクストで冒険は非常にさまざまな現実を指しえる。偶然に生じる思いがけないことかもしれない。運や神慮に訴えるものかもしれない。危険を含意するものかもしれない。騎士*が何者であるか定義するものかもしれない。行動や移動を引き起こすこともあり、動作動詞の主語になりえる。驚異*と関係を持っていることもある。場所に宿っていることもある（アーサー王物語の冒険の平原や冒険の泉のように）。意味を宙吊りのままに残して、議論への道を開く場合もある。しかし、メルラン*がアーサー*に命じるように、冒険は、神聖なできごとが現われた痕跡をとどめるために記録されなければならない。この場合、冒険は神の隠れた計画として生じ、自由意志の問題を提示しているということになる。騎士の探求は、冒険を介して物語の探求に転じる。事実、冒険を求めてなされる宮廷の旅立ちにはつねに神聖な性質がある。普通の世界を離れ、そこにいた（同じ掟と古いしきたりに従って集まっていた）者たち同士が離れ離れになることで、騎士は別離と分散と移動を経験する。移動は、距離と間隔と区別を打ち立てる。探求のさまざまな過程は、断絶を積み重ねさせ、世界の断片化を推し進める一方で、統一を狂おしく求めるように誘う。距離も分裂もないであろう絶対に無垢の場所の探求において、このどこにもない場所が書物として提供されるだろう。

アヴェロエス主義　AVERROÏSME

「ラテンの」アヴェロエス主義と呼ばれるものは、第一には現代の歴史家、いや、さらに言えば中世における彼の批判者による歴史記述上の産物である。というのも、十三世紀になされた批判が一八五二年にエルネスト・ルナン〔一八二三～九二年。フランス実証主義の思想家、宗教学者〕によって注解されたが、ラテン語で averroistae と呼ばれるアヴェロエスの信奉者は、不信仰に追従する者であるとか、信仰の闇とあらゆる知的権威に反抗して「理性」を支持する者であるとされていた。この角度から照らすと、二人の人物が浮かび上がってくる。ダキアのボエティウス〔一二七〇年頃没〕とブラバンのシゲルス〔一二四〇頃～八四年〕である。二つの学説が残されている。世界の永遠性と分離知性説〔知性単一説ともいう〕である。これらの説はキリスト教の説く天地創造論と個人の霊魂は不滅であるという論に明らかに矛盾している。危機として映るアヴェロエス主義は、テクストとの出会いというよりは一つの思想なのである。(1)

（1）ラテン・アヴェロエス主義については、山内志朗「ラテン・アヴェロエス主義」（中川純男編『哲学の歴史3』中央公論新社、二〇〇八年に所収）に詳しい解説がある〔訳注〕。

近年、資料体を詳細に検討した研究に照らし合わせながら、歴史家たちはこの現象を読み直した。その結果、アヴェロエス主義はルシュド主義、すなわち、ラテン語使用者にとってはアヴェロエスであるイブン・ルシュド（一一二六～九八年）の哲学とは違うということが判明した。一例として、アヴェロエス主義者の王子と呼ばれるジャン・ド・ジャンダン〔一二八〇～一三二八年〕という人物が、彼一人で状況を要約している。パリで十四世紀初めに原理的なアリストテレス哲学を教えていた彼は、コルドバのアラブ人哲学者の思想を復元しようと思っていた。しかし実際には、ルシュド哲学を自身の文化的、知的文脈から外れて受け入れることができず、ラテン思想家としてそれを移し替えてきただけだった。アヴェロエスについて注釈をつけながら、ジャン・ド・ジャンダンは、このアラブの大家の思想を再構成して西洋に独特な知のあり方に組み入れたのだ。テクストを読めば、ラテン思想家のアヴェロエス主義とトマス・アクィナス〔一二二五頃～七四年〕による反アヴェロエス主義の違いは、ルシュド哲学とアヴェロエスの違いよりも小さいことが分かる。あらゆる文化の輸入につきものの取り違えや誤解をつき従えたラテン・アヴェロエス主義は、アヴェロエスのすべてを失ったが、思想を利用し吸収して解体した場所に新しい思想を生み出した。思想の文化変容という一大現象はかくのごときものであるが、その枠組みを与えたのは、キリスト教、ユダヤ教、イスラム教の思想家と翻訳家の文化交流に富む中世*という時代である。

美醜　BEAUTÉ ET LAIDEUR

クレティアン・ド・トロワと中世の学僧たちは、オウィディウスにならって繰り返し言った。愛は美より生まれる。なぜなら、美とは善であるから、と。

中世文学では、騎士*が意中の奥方*に出会った際に、最初の一瞥で愛が生まれる様を説明するため、美の描写が繰り返し行なわれる。婦人は高貴で、背が高く、細く、金髪で、白い肌をしている。首は長く、指は華奢で、灰色の目をしており、薔薇に似ている。頭から足へと婦人の体が描かれて、彼女をこの上ない完璧なものとしている完全な調和が示される。

美についての修辞では、このような女性の礼賛と同様に、決まり文句と描写の規範に習熟が示される。直喩（金や銅のような金髪、象牙や雪のように白い顔、ハイタカの溌剌とした様のような目の輝き、小さなナイフについた象牙製の柄のような胴体）や、隠喩（空っぽの胃に流れ落ちる愛の小川）や神話への参照（クリジェスの美しさはナルシスに比較される）は、美をとりあげる際の主要な道具である。彫刻家や細密画家のように、中世の作者*は美から一つの規範を作り出している。というのも、どういう形をとるか（黄金色であるとか、白であること）ということの先で、美の表象にさらに関わってくるのは、調和、一様さ、均整の問題である。トマス・アクィナスの定義では三つの条件が要求される。完全性、〔しかるべき〕対比、明るさである〔『神学大全』第一部、第三九問題第八項〕。視覚と聴覚と理性が美に引きつけられるようになるのは、その時である。

かくして、美と醜は被造物の調和的な様相、非調和的な様相として提示される。アダム・ド・ラ・アールは『葉陰劇』（一二七六年）で妻のマロワを、昨日の美しいマロワ、今日の醜いマロワという対照的な姿で描いている。醜さと美しさは、相反と補完の遊戯をしながら、いつも対をなしている。この体系化されて繊細な世界と対立するものとして、農民*の世界がある。こちらは文学テクストにおいては、粗野な世界を具現するものと見なされている。支配的な文明（聖職者と騎士）とは距離を置いて、他の疎外されたもの（悪魔、巨人、野人、イスラム教徒）に近づきながら、文明化されていない世界の否定的な側面（不潔、醜さ、無言）の源となる。文学において、農民は侮蔑的な特徴をもって描かれる。醜く、意地悪で、教養がなく、野蛮なものとして。社会的・美的な意味で理解される辞項なのだ。中世における農民の世界は、敵対的な自然のただ中に位置する。その点で象徴的に、城*や都市に対立するものとしての自然の野蛮な世界に属している。このような概念において、自然は文明に対立している。

つまり、美と醜は、世界が二元性に基づいて構成されていることを示している。というのは、世界は、数と比率（美学と同時に形而上学の範疇）に基づいて、本質的に二という数字の周りに構成されている。ガレノスはギリシャの象徴に基づく数秘術を発展させて体液論を唱えたが、その伝統において、二×二の四という数字は四要素の四である。火と空気と水と土。同様に、四方点、四方位（共に東西南北のことだが、フランス語では「点」と「風」を表わす語でそれぞれ表現される）、四季、人生の四期、四枢要徳（正義・賢明・節制・剛毅）は四という完璧な数において具現化されている。このように数に基づく世界観においては、七も重要な役割を担っている（週の日数、教養七学科〔文法・修辞・論理・算術・天文・幾何・音楽〕、七つの大罪〔高慢・ねたみ・物欲・色欲・貪食・憤怒・怠惰〕）。使徒や月の十二も同様である。つまり人間は、神によって賢明に建造され構成された宇宙において発展しており、作者は作品においてこの完璧な調和に応える義務を持っているというわけだ。

ベネフィキウム（恩貸地、聖職禄）BÉNÉFICE

ベネフィキウム（ラテン語 beneficium）とは、恩恵のことである。貴族の構成員にとっては、君主が臣下に隣接する一群の権利と一緒に与える土地のことだ。すぐに、ベネフィキウムは封土の同義語になった（十一世紀）。聖職者にとってのベネフィキウムとは、聖職の地上的な部分、すなわち、職や高位に関わる収入のことである。〔ベネフィキウムはまた、これをもたらす職を表わすが〕主要な職（司教職や大修道院長職）は選挙によって与えられる。一段下の職（主任司祭職、司教座聖堂参事会員の職、修道院長職、礼拝堂付き司祭職）は任命、あるいは授与、同様に相続によって与えられる。ベネフィキウムの授与は、王と教皇、皇帝と教皇、王と司教といった諸勢力のあいだでは一大事である……。とくに主要なベネフィキウムを与えることは、君主にとって自立と権力の条件であり続ける。これによって、高位聖職者、奉仕者、助言者に報酬を与えることが可能になるのだから。ベネフィキウムを巡る諸教皇の駆け引きは、一般の聖職禄授与者から地方教会*に対するすべての権力を奪って、教皇が権力の中心となりキリスト教世界全体に介入しようという激しい駆け引きの核心にあった。教皇に寄せられる嘆願の要点はベネフィキウムの問題に関係している。中世*における権力の行使において、このような道具が持つ力がいかに大きかったかということである。

動物寓意譚《ベスティエール》　BESTIAIRE

堆肥の中で蛙に抱かれた卵から生まれる、ドラゴンの尻尾を持った鶏。バジリスクは、中世の動物寓意譚《ベスティエール》において、半分が鷲、半分がライオンのグリフォン、もしくは自分の灰から再生するフェニックスに関連づけられている。空想上の雑種の動物が現実の種と共存していて、古代人由来の創作物における寄せ合わせ的な発想を知るよすがとなっている。聖書*からの引用と彩色挿絵に関連づけられて、これらの表象は、キリスト教徒を感化するために道徳的かつ精神的な意味を持つようになる。動物寓意譚《ベスティエール》は、それが持つ寓意的な意味に合致して、動物たちをそれらに付与された象徴的価値と関連づけて扱っており、それぞれの動物は人間のある一面に指向対象を見出す。最も有名なものには、ギリシャ語版『動物誌《フィシオログス》』(アレクサンドリアで二～三世紀に成立、中世においては誤ってアリストテレスの作品とされた)、大プリニウスの『博物誌』、セビリャのイシドールスによる『語源』(名称がものを表わすという、中世的な語源に関する考えに属する誤った語源)がある。これらのテクストが、古フランス語による動物寓意譚《ベスティエール》の温床となる。すなわち、フィリップ・ド・タンによるアングロ=ノルマン方言によるもの(一一三九年頃)、ジェルヴェーズの韻文*によるものがあり、リシャール・ド・フルニヴァル(一二〇一～六〇年)の『愛の動物誌』(一二三三年頃)は、動物寓意を宮廷風恋愛に応用している。「動物」に関する知識のすべてを与えてくれる動物寓意譚《ベスティエール》と同様に、鳥に関する論考である鳥誌は、同一の寓意的な精神において綴られている。十三世紀には、アリストテレスの著作の再発見によって、動物に関する百科全書は変容して、現実性が強く、象徴性は弱くなることになる。

聖書　BIBLE

中世*において、すべては聖書のレミニセンス(無意識的な想起)だった。聖書は世の中心に位置して、当時の人びとを鍛錬し、育成し、ひらめきを与えた。写字生によって転写され、細密画を付けられ、修道士によって反駁され、聖書注解学者によって注を付けられ、神学者によって考察され、説教師によって説明され、あらゆる立場の教会法学者、論争家、思想家によって引用された。流通しているテクストは、確かに聖ヒエロニムスの仕事以来、挿入されたり改竄されたりした。しかし、カロリング・ルネサンスの時期にアルクィンとテオデュルフの周囲に複数のアトリエが設置された。続いて十三世紀になると、サン・ジャック通りのドミニコ会修道院でユーグ・ド・サン＝シェール〔一二六三年没、聖書の用語索引と修正を中世で初めて行なった〕を中心としたヘブライ語を学ぶ知識人たちのお陰で、さらにはパリのギヨーム・ル・ブルトン〔一一五九―六九～一二二六年頃。フィリップ尊厳王の礼拝堂付き司祭となり、ラテン語で年代記を書いた〕やオックスフォードのギヨーム・ド・ラ・マール〔一二八五年頃没〕を中心としたフランチェスコ会修道院において同様のことが行なわれて、文献学的により正しいテクストが校訂されるようになり、聖書の正誤表が製作された。一二三〇年以降流通するテクストは『パリ本』と呼ばれている。

聖書注解は中世の思想家にとって大仕事であり続けた。四つの意味が解釈の基盤だった。字義通りの意味、寓意的な意味、比喩的な意味、類推に基づく意味である（H・ド・リュバック）。第一の意味から他の三つに移るためには「解釈学的な飛躍」（G・ダアン）が必要である。十世紀から十二世紀にかけて、テクストには行間と枠外に注解が付けられるようになり、十二世紀末には、教父時代と中世におけるさまざまな権威（ラテン語 auctoritates）によって積み重ねられた注釈の巨大な修正である『標準注釈』が成立するに至った。聖書のテクストと同様に、注釈は、聖書に枠組みを与えつつ、また、聖書の理解を容易にしてくれる別の一連のテクスト（序文、用語集、一覧表、用語索引など）を伴いながら流通した。この書物の巨大な総体を正統に解釈するためには、権威と序列による引率と統制が、これほどまでに必要であったということである。

したがって、聖書は学僧の領分であり続けた。これを読む一般信徒は、直ちに疑わしい者とされた。ただの一般信徒でもそうだし、まして、ワルド派、アルビジョワ派、ベギン（修道会の傘下にありつつも、修道誓願をたてず半聖半俗の生活を送った女性たち）については言わずもがなである。無学の徒（ラテン語illiterari）向けの絵解き聖書（「貧者の聖書」）の成功、また、広場で演じられる聖史劇は、一般信徒が時代が進むとともにますます霊的に貪欲になって、聖なるテクストに直接の接触を望むようになったというのに、彼らにもたらされていた慰めが、いかに貧弱であったかを充分に物語っている。

この項目で言及されている文献

H. de Lubac, *Exégèse médiévale : les quatre sens de l'Écriture*, Paris : Aubier, 4vols., 1959-1964

G. Dahan, *L'exégèse chrétienne de la Bible en Occident médiéval*, Paris : Cerf, 1999, p.435

図書館　BIBLIOTHÈQUE

中世*は、部数は一という時代だった。当初は複製が写字生によってしか保証されていなかった。この時代にとって図書館という概念は、現実と架空を問わず、不確かだった。語源から言えば、図書館

(bibliothèque) とは、書記媒体（ギリシャ語 biblios）の、それにあてられた場所（ギリシャ語 theke）での収集ということだ。語彙をギリシャ語とラテン語から借りてきてコラージュしているのを見れば、図書館とは、集団的記憶の構築を目的として、書かれた知識を制度によって収集するという行為の一形態のことだと考えたくなるだろう。しかし、それが実現するのは、現実の図書館の歴史においては時代が下ってからのことだし、空想文学においてはなおさらである。

中世において、宗教テクストと古代のテクストの収集を通して古代ローマの伝統を保存したのは、おもに修道院だった。大学とコレージュ、王がそれに続く。実際に一二五四年には、十字軍*から帰国したルイ九世が、イスラムのスルタンを見本に、王宮礼拝堂の三階を当時の文人と聖職者に捧げることを決めた。聖書の筆写と、教父のテクストのすべて、および文書の宝庫（王国の古文書庫）が一か所に集められたが、王の死後散逸した。このような収集行為が再び見られるのは、一三六七〜六八年にシャルル五世がシテ島の宮殿の蔵書を移してルーヴル宮に置いてからのことだった。一〇〇〇巻近くの書物——ソルボンヌとほぼ同じ！——が集められた。統治をよく行なうために知の普及が図られたが、科学、技術、天文学、歴史の書物はこの流れに乗った。俗語への翻訳と、〔書物の〕貸出のお陰で、知に接することが可能になった。シャルル五世の図書館は、完全版のフランス語テクストの集成を作り出したという点で、貴族の図書館の見本になることだろう。

しかし、中世の図書館（ルネサンスまでは「書庫（librairie）」と呼ばれた）が、「書物」を保存するだけのための場所としてある限りは、中世人が夢中になったような空想の空間としての姿をとるようにはならないだろう。アルクィンと、彼によるヨーク大聖堂付属学校の図書館の詩的な「目録」を別にすれば、中世の作家たちが文学作品やその作者*に対する愛情を表わしたのは、むしろ、十四世紀以降、「文学的〔＝文学作品・作家の名前の〕列挙」によってだった（『美男リシャール』、ジル・ル・ミュイジの『瞑想録』、ピエール・ド・オートヴィル〔一三七六～一四四八年〕の『悲嘆に暮れて逝った恋人の死後に遺された財産目録』）。修道士*アンジェの『聖グレゴリウス伝』（一二一四年）におけるグレゴリウス大教皇の破壊された図書館に似て儚いものでありつつも、中世の書庫は豊かな想像の世界へと道を開き、二十世紀にはボルヘスの有名なバベルの図書館〔J・L・ボルヘス『伝奇集』に収められた短編小説の題名〕に、唯一でありながらつねに更新されるという、それ自体の目的が理想化された形を見出すことになる。

謝肉祭　CARNAVAL

謝肉祭は「肉断ちをする」、すなわち復活祭に先立つ四十日間である四旬節の始まりに先だって節制をすることを意味する。謝肉祭は四旬節の入り口を表わしているが、その期間は静かであるとか禁欲的であるということからは程遠い。

謝肉祭は、コントラストの季節であり、こってりとした肉（おもに豚）の消化と社会秩序の転覆（女装する男たち、動物の仮面）において立ち現われる肉の祭りである。この儀式化され、方向づけられ、統制された転覆からは、逆説的に抑圧的な寛容が生じる。転覆は、祭りの翌日に階層秩序をよりよく回復するために、また、一年の残りのすべてで道徳と宗教の空間を統制することを目指してなされているのだ。

謝肉祭と四旬節の戦いという遊戯は、騒々しくて裏返った声の反響を文学に見出す。フランスでは『四旬節と謝肉祭』(一二五〇〜八〇年)、スペインではファン・ルイス〔一二八五頃〜一三五〇年頃。スペイン、グアダラハラのイタ主席司祭〕の『よき愛の書』(一三三〇年)、ドイツでは十六世紀のハンス・ザックス[1]の『謝肉祭劇』がそうである。中世末の都市では、謝肉祭の準備にあたる団体が組織され、ルネサンスにその極みに達した。フランス北部からヴェニスを通ってリオ・デ・ジャネイロに至るまで、ひょろとでぶの戦いは未だに終わっていない……。

(1) 一四九四〜一五七六年。マイスタージンガーで劇作家。ワグナーの『ニュルンベルグのマイスタージンガー』の中心人物〔訳注〕。

大聖堂 CATHÉDRALE

中世の教会の象徴でありショーウインドーであった大聖堂は、歴史的かつ制度的に教区の本山であり、司教座を抱く司教権の名誉ある拠点であり、芸術的な革新(ロマネスク、ゴシック、続いてバロック)の実験室であり、田舎の経済的な繁栄や都市の躍動の成果であり、同時に、集まってくる信者の誇りでもある。

十二世紀の終わりに誕生したゴシック建築の大聖堂は、今もなお人間の想像世界と都市の風景とに痕跡を留めている。交差リブの上にヴォールトの重みを載せることから生まれる力は、圧力を隅々に分散することを可能にし、さらにフライング・バットレスのお陰で壁を垂直に高めることもできるようになった。壁はもはや支えではなくなり、ステンドグラスの切り込みが入ったガラスの仕切りになった。ゴシック芸術は光の芸術となった。E・パノフスキーの解釈に従えば、スコラ学における問いを分析的に下位区分していく手続きを想起させるだろう。広大な全体の秩序・総合であるという印象を与えている。ローカルな存在でありながら、世界教会の一員でもある福音伝道者の聖遺物によって支えられた教区の歴史を、キリスト教信仰と共に保存する場所であるという限りにおいて、大聖堂は、キリスト教的な知の視覚的な大全として確立する。

この項目で言及されている文献

E. Panofsky, *Gothic architecture and scholasticism*, Latrobe, Pa.: Archabbey Press, 1951（E・パノフスキー『ゴシック建築とスコラ学』前川道郎訳、ちくま学芸文庫、二〇〇一年）

尚書局長 CHANCELIER

国家の要石である尚書局長は、顧問団の中で最も経験があり、最も意見が通る人物だ。尚書局長は、当初は公文書の工房である尚書局で作成される証書の作成者だった。このように責任のある立場が、彼を一連の学僧（書記、写字生、文書係、校正係など）の頭目に位置づけることになった。尚書局が王のものか、教皇のものか、司教のものか、王族のものか、都市のものか伯のものかを問わず、尚書局長は、主君の信用が厚い人物であるがゆえに、中央行政を率いて、主君である王、司教、教皇、伯などの名代になった。

メロヴィング朝時代、さらにカロリング朝時代以来、尚書局長は王の他の顕官である家老、元帥、酒庫係長と並ぶキーパーソンとなった。文書を管理し、検査するすべての証書に責任を持ち、認証の印である印璽を押す。というのも、彼は印璽の管理者であり、その資格で、王の証書が王国の伝統に合致しているかをチェックした（一三一八年より）。そのため、助言の権利だけではなく、戒告の権利も持っていた。特記するべきは、尚書局長は紛れもない王の代官だったことだ。王の名代で、その留守の際には、とくに王の諮問会議においてはその代理を務めた。法律上適正なスポークスマンであり、王政の紛れもない長であり、王国における政務全体についての宰相であった。当然、高等法院*の長であり、すなわち、王国の司法における王に続く長であった。

武勲詩　CHANSON DE GESTE

武勲詩とは、俗語で書かれた抒情詩であり、旅芸人《ジョングルール》によって歌われる（または朗唱される）。たいていの場合、イスラム教徒との戦いでのキリスト教側の騎士の武勲を語る、さまざまな長さからなる相当数のレース（詩節）で構成されている。以上の特徴づけはドミニック・ブーテによる。いくつかの形式による基準（半諧音〔詩行の末尾で同一母音が繰り返されること〕か単韻、体系化され、常套化された言葉の使用）とテーマ（宗教的であり、好戦的である）による基準から定義される。〔「武勲詩」のフランス語

chanson de geste の」ジェストという語は「勲功」を意味し、十二世紀においては、カロリング朝、メロヴィング朝、第一次十字軍*における英雄的な軍功だけでなく、こういった軍功を語る物語や、軍功をなす英雄、その一族のことも指示した。叙事詩のジャンルに属する八〇の武勲詩（孤立しているものも、サイクルを構成しているものもある）がわれわれに残されている。

この項目で言及されている文献

D. Boutet, « Chanson de geste » in *Dictionnaire du Moyen Âge*, dir. C. Gauvard, A. de Libera et M. Zink, Paris : P.U.F., 2002, pp.254-256

（ブーテの主要な武勲詩研究は、D. Boutet, *La chanson de geste. Forme et signification d'une écriture épique du Moyen Âge*, Paris : P.U.F., 1993）

城、城代《シャトラン》 CHÂTEAU, CHÂTELAIN

大聖堂*と共に、城は中世*を象徴するものの双璧をなす。根本的に命令の中心であり、領主権力の土台であり、象徴であり、具現である。裁判が行なわれ、臣従の誓いがなされ、課税が積み重ねられる。天守閣のもとで庇護してもらうために、住民の共同体が身を寄せにやってくる。

元来、城を築くことは王の特権であった。当初、城代《シャトラン》は伯の役人であり、公権力を代表して、その秩序を守らせることを任務としていた。副伯《ヴィコント》または領主代理だった。やがて、職はだんだんと世襲化し、副伯たちは城を自分たちの財産であると考えがちになった。譲渡に譲渡を重ね、専有化に専有化を重ねるうちに、「不義の」と呼ばれる城が公的な認可を得ないまま蔓延するようになった。これは、バン〔命令し、認可し、裁き、処罰するという領主の権利〕が簒奪された結果生じたことである。大修道院長シュジェール(1)が語るように、「有害な塔と戦う」ことで時を費やしていたルイ六世の治下、王権の復興が図られていた時代においても、こうした城があることは、その分だけ中央権力にとっては脅威として立ちはだかっていた。このような社会・政治の変動の様態について、こんにち、歴史家の意見は割れている。これは中央集権の委譲であって横取りではないということか、あるいは簒奪なのか？　本当の断裂は一〇〇〇年頃に位置づけるべきか、むしろ十二世紀にするべきか？　これは封建制度の変動なのか革命なのか？

(1) 一〇八一頃～一一五一年。サン・ドニ修道院長。この修道院をゴシック建築に建てかえたと言われる。修道院とルイ七世の治世についての年代記を残した〔訳注〕。

中世の城の姿は重々しくなろうとしていた。その分その構造は、効率的になろうとしていた。土塁式の城が一〇〇〇年頃に重大な変化を起こす道具となった。自然あるいは人工による平均一〇メートルの高さの高台の上に建てられた天守閣は、木造で一〇間を持つ三階建ての塔であり、柵に囲まれている。柵自体も、二～三メートルの深さの堀で守られている。保護された敷地はおよそ一〇ヘクタールの広さで、集落と村民の共同体を収めていた。五～六人もいれば、防御することができた。柵と高台と堀のせいで、乗馬による攻撃が困難だったのである。

後に、防御機能と住居機能が分離すると、城は祭りとこれみよがしの壮麗さと宮廷文化の場所になった。

騎士　CHEVALIER

騎士像は、封建ヒエラルキー〔の理解のため〕の強力な拠りどころとなっている。

それは、馬の所有によって特徴づけられる。また、次第に防御用（甲、鎧、盾など）か攻撃用（槍、短剣、剣、大刀など）の武具の所有によって特徴づけられるようにもなった。職業的な戦士である騎士は、肉体的な質（力、耐久力など）だけでなく、精神的な質（勇気、雄々しさ、武勇、根性など）においても抜きんでていた。騎士たちは、組織に組み入れられると、主君（騎士身分の領主）、同僚（騎士）、騎士見習い（盾持ち）という垂直的で象徴的な階級に従って組織された。通過儀礼（騎士叙任式）、規範化された対決の作法（パダルム〔騎馬槍試合*の一種で、敵から陣地を守るという形式で行なわれる〕や、それに参加するという誓約）、標識・識別の記号（紋章）を持っていた。皇帝や王は、このピラミッドのただ中で、封建制度における究極の指向対象として活動した。彼らは、シャルルマーニュやアーサー*を巡る文学によって裏打ちされた騎士の姿を理想的に具現していた。九世紀の騎士は、雇われて、報酬の対価として攻撃や防御の活動を請け負っていたと考えることができるが、騎士像は中世*のあいだに大きく変化した。それを見れば、騎士によって象徴される社会の変動を理解することができるのである。武勲詩*において価値を高められた十一世紀の「キリストの騎士」（ラテン語 miles Christi）から、アーサー王物語において高揚された雅な騎士を経て、王の顧問を務める賢人である「廉直・賢明の士（古フランス語 preudhommes）」

に至ると、もはや戦場で働くのではなく、適切な助言を行なう人となった。騎士像は大いに変容したわけである。「キリストの戦士」が「現世の戦士」（ラテン語 miles saeculi）となり、宮廷文化を広めるのに貢献する「社交界の」騎士になった。神と聖母への熱中は、「至純の愛*」によって翻案されて奥方の称揚に姿を変えた。十字軍*や、戦場での勲功（中世末に再び文学の表舞台に戻ってくるが、それは書記行為によって美化された懐旧の情の姿をまとってのことだ）がなくなっても、冒険*は、熊、鹿、猪の狩りにおいて実現していた。とはいえ、騎士や、もっと広く言って社会によって伝えられることになったものは、戦士としての価値だけではなかった。知的・音楽的な教養、鷹揚さ、模範的な道徳性およびそれに関連した振る舞い、当初は生まれに由来し、その後振る舞いに由来することになった貴族性*といったものは、宮廷の価値基準だ。それは「廉直・賢明（prud'homie）」の理想において具象化した。

聖職者 CLERC

聖職者であることは、一つの身分であり、そこから法的な地位が生じ、法的特権が導き出された。教会の裁判所である教区裁判所以外に従属しないという「治外法権」であり、税務上の特権（王への直接税の免除）である。剃髪によって聖職者の身分になった後には、さまざまな「聖職者階級」を渡り歩くことになる。四つの下位身分（守門、読師、祓魔師《ふつまし》、侍祭）と四つの上位身分（副助祭、助祭、司祭、司教）のことである。

しかし、中世において聖職者は、第一にイデオロギーによって作り出されたカテゴリーだった。グレゴリウス改革*におけるイデオロギーのことだが、それは聖職者を一般信徒から分けること、精神世界を地上世界から、聖を俗から、純粋を不純から区別することにあった。

グレゴリウス改革によって、聖職者はそれ以後聖なる人となり、彼には霊的領域の仕事が課されることになった。伝道と信仰の称揚と秘跡により、一般信徒を統率することを通じて社会の救済をすることが、その目的であった。独身・純潔の人であり、あらゆる肉体と金銭の腐敗から離れたところにいた。純潔なだけではなく、学識もあった（聖職者は、無学の徒（ラテン語 illiterati）に対する教養人（ラテン語 litterati）だった）。こうして彼は、一般信徒の導き手、模範となるのだった。聖職者について話すこと、それは、グレゴリウス改革から生まれたキリスト教的な世界の読み方に同意することである。この読み方は、法的な現実の中に文化人類学的な区分を打ちたてながら、包み込んでいる。聖職者とはまた、社会を三つの機能に分類するイデオロギーの一カテゴリーなのだ。聖職者は、霊的な役割（祈る人——ラテン語 oratores）の威厳により、軍人（戦う人——ラテン語 bellatores）と、残りの人びと（耕す人——ラテン語 laboratores）との関係において、社会の第一階級に属した。

しかし、現実においては、誰が聖職者で誰がそうでないか定める際、その境界は曖昧だった。慎重な資料ほど、「教会人」という言い方を好んでいる。在俗聖職者と修道会所属聖職者が区別されていたことは疑いのないことだが、多くの者が曖昧な地位にいた。聖職者身分の生活様式よりは特権にひかれて学生、巡礼者、十字軍参加者になった者たちも聖職者だった……。王について言えば、聖別式のお陰で一般信徒よりは上に置かれたが、だからと言って、本当に聖職者とされたわけではない。修道士、とくに修道女については、修道誓願をすれば必ず秘跡を受けることになるというわけではなかった。修道会所属修道者のすべてが司祭というわけではなかったからである。

コミューン（自由都市）COMMUNE

十二世紀において特定の都市の構成員が、封建君主たちの敵意や権力に立ち向かうべく互いの支援と支持とを誓って団結を決意した場合、その都市は同盟《コンジュラシオン》（ラテン語の con-jurare「共に誓う」に由来）またはコミューン（ラテン語では universitas〔「共同体」〕）と呼ばれて、法的実体として認識された。それは時に交渉によって（たいていの場合）、時に暴力によって（一一一二～一一一六年のラン〔ピカルディーの都市〕のように）実現された。法的人格であるコミューンは、一般的に住民の中のエリートである行政官によって代表された。ヨーロッパ北部では参審人《エシュヴアン》、ヨーロッパ南部では執政官《コンシュル》である。コミューンは内治のための警察を組織し、係争を収めることによって、自身を統治し防御した。平和や住民の自由や法・軍事・経済における特権を保証する独自の法令を発布した。例として、コミューンの構成員――ブルジョワ、しかしいつもそうというわけではない――は、都市の法廷だけにおいて同輩による裁きしか受けないという権利を獲得していた。このような都市の法令は「フランシーズ文書」に記録された。コミューンは自分の法的存在を印璽によって明確にした。その政治的権威は、都市と、境界を定めた空間に対するバンの行使の舞台となった塔によって象徴されていた。最後に、鍵――門や城壁の――は、その自立を表象していた。

コミューン運動は、都市およびそこに住むブルジョワを宣誓が伴う法的実体へと押し上げたことによって、都市の現実を「集団的領主による統治」へと変容させた。というのも、コミューンは以後、領主と同じ資格においてバン権力を所有することになったからである。そうして臣従の義務が機能することによって、コミューンは封建ヒエラルキーに組み込まれることになった。そのような次第で、コミューンとその自立が増加したことは、封建体制の柔軟性をよく物語ってくれている。封建体制は、さまざまな特性を持った人びとを寄せ集めて迎え入れる。あらゆる人びとが、封建制度という私的な関係が要求するものに適応しうるのだから。

公会議　CONCILE

教会法に則れば、中世教会において権威ある二大決定機関といえば教皇と公会議ということになる。公会議とは高位聖職者と、時として地位の高い数名の一般信徒を集めた、典礼的な性質を持つ宗教会議である。教義を正し（しばしば異端の状況により被害を受けたので）、規律と風紀を改め、時には政治的な局限的問題（神の平和、君主との関係、十字軍、教会大分裂など）を扱う。公会議は、管区のものか、国別のものか、普遍公会議であるかを問わず、東方であるか西方であるかを問わず、教義に関するものか政治に関するものも問わず、教会*のあり方を形づくり、そこでの正統を決定する。結果として生じる決議は、十三世紀以降に公会議が教皇に握られた改革*の道具とみなせるようになった分（第四回ラテラノ公会議、第一回および第二回リヨン公会議）、長きに渡って法としての力を持つことになる。

混乱の時代においては、公会議が教会を難破から救ってくれる最後の手段であることが判明した。西欧での教会大分離に終止符を打ったコンスタンツ公会議（一四一四〜一七年）において、公会議は威光の頂点に上りつめた。当時衰退していた教皇の権威を庇護したのだから。公会議至上主義《コンシリアリスム》のことである。このような思潮が成功することは、バーゼル・フェラーラ・フィレンツェ公会議（一四三一〜三九年）後の一四四〇年代以降はほとんどなかったにせよ、教会の運営において君主制モデルの対案を提示したという功績がある。教会の歴史では珍しいことに民主的な響きを持つ、代議制という対案である。

告解 CONFESSION

悔悛とは本質的に福音にかなった態度であるが、十二世紀にはロンバルドゥスのペトルス(1)によって七つの秘跡の一つとなり、三つの時間に構造化された。①痛悔、すなわち神の愛によりみずからの過ちを誠実に悔いること。②司祭への口頭での告解、「口による告解」ともいう。③罰による罪の償い。

（1）一一〇〇頃〜六〇年頃。アベラールのもとに学び、後にパリ司教。『命題集』は中世の神学教科書として最も多く用いられた〔訳注〕。

中世初期*においては、罪が公になった場合、公開告解の慣習があったが、六世紀になると、これと平行してまず修道院で非公開の告解が始まった。ここでは〔罪に応じて罰が〕規定されており、反復可能であったが、やがて修道院の外で行なわれるようになった。当時の司牧の攻勢のさなかで、悔悛が秘跡の道具となったのは十三世紀のことだった。というのも、第四回ラテラノ公会議（一二一五年）において、決議「〔すべての〕男女は」（ラテン語 [Omnis] utriusque sexus）が、あらゆる信徒を対象に、一年に一回、その人物が属する小教区*の教会*で悔悛の秘跡を行なうことを義務としたからである。前世紀にアベラール〔一〇七九～一一四二年〕によって作られた意図の道徳、および個人的良心の発展の到達点として、悔悛は、もはや規定された罰の遂行に中心があるのではなく、口による告解に中心があるものとして修正された。聴罪師の手引書に書かれているように、口による告解の痛みは罪*の大部分を償ってくれるとされた。以後は、個人的な耳聴告解形式の贖罪のほうがむしろ「告解の秘跡」（ラテン語 sacramentum confessionis）と呼ばれることになった。それだけ本当に、秘跡の一部となった告解が典型的な悔悛の行為となったということである。ある意味で、「告解は悔悛にとって代わった」（A・ヴォーシェ）ということができる。となると、告解とは司牧の枠組みに入る秘跡だということになる。つまり、司祭の優位と、聖職者の振る舞いを見本にすることによって支えられている組織的な社会統制システムの基礎に告解が位置づけられているという意味において、これは、聖職者が媒介となる秘跡なのだ。それはまた、道徳的意識の教育という大きな文脈においては、罪を贖ってくれる告白と内省の秘跡であり、同時に社会体への復帰の手段なのである。

この項目で言及されている文献

A. Vauchez, « L'aveu entre le langage et l'histoire : tentative de bilan », in *L'Aveu. Antiquité et Moyen Âge. Actes de la table ronde*（Rome, 28-30 mars 1984）, Roma : École française de Rome, 1986, pp.409-417（p. 416）

信心会　CONFRÉRIE

中世*において人は一人では存在しなかった。ゆえに、小教区*を超えた社交や相互扶助の組織であり、参加は選択による信心会は、中世人にとって社会を強固にし、社会的紐帯を揺るぎないものにする枠組みを増やしてくれるものだった。信心会は、社会構造が打撃を受けた十四・十五世紀の混乱した文脈の中でとくに流行し、結果として個人による加盟というあり方をもたらすことになった。これは、これ以後多くの一般信徒が希求することとなった「自由意志による信仰」の印である。つまり、根源的に言って、信心会は中世人の二つの本質的希求に答えるものだった。すなわち、社交への強烈な欲求と、救霊の精神的探究である。実際に、信心会は年ごとの祝宴を通して現世における連帯を保証してくれた。祝宴は、とくに信心会における霊的交感の頂点であり、会の活動の中心だった。また、各信心会員の葬儀を扶助するなど、会員間での相互扶助や慈善、守護聖人を共に崇拝すること、服装のパーツやかぶりものといった記章や、旗の周りに集まっての行進も祝宴と同様の役割を果たした。救霊の連帯である信心会はまた、集団祈禱とミサの挙行により、あの世における連帯も保証した。このことは、信心会がいかに教会*と中世社会の理想を実現したかを物語っている。理想とは、聖徒の交わり(1)と社会の平和の中で一体になるということだった。信心会は、内部での仲裁手続きによって平和の推進に貢献した。また、誠実と都市への奉仕の倫理によって人びとを平和へと向かわせた。

（1）ミサで唱えられる信仰宣言のうちの一つで、聖体のパンを媒介として、過去・現在・未来のキリスト教徒たちが、キリストを頭とした一つの身体をなすという教義。かつては、この共同体の中で、地上のキリスト者は、天上の聖人によるとりなしに与れる、という考えから「諸聖人の通功」と訳された〔訳注〕。

組み立てる　CONJOINDRE

クレティアン・ド・トロワの表現で「組み立てる」（古フランス語 conjoindre）、マリー・ド・フランスの言い方では「思い出させる」（古フランス語 remembrer）というのは、ばらばらな要素を集めて一緒にし、語りの素材を結びつけるということを言っているように思われる。中世文学の始まりから、その生産のあり方をひとくくりにしているのはこの原則である。まず、叙事詩でそのようなことが起こった。それは『ジラール・ド・ヴィエンヌ』（一一八〇年頃）の序文で、作者ベルトラン・ド・バール＝シュル＝オーブによって叙事詩のサイクル〔＝詩群〕が、王のジェスト、ギヨーム・ドランジュのジェスト、ドーン・ド・マイヤンスのジェストという三つの群によって定義されて以来のことだ。次に、物語では、アーサー王物語＊の続編でそのようなことが起こった。これは、クレティアン・ド・トロワの作品から派生しているという意味で、自立した作品群という感じがしないのにも関わらず、再編成という形でまとめられながら発展していった。アーサー王のサイクルを（『ペルレスヴァウス』を除いて）よく特徴づけるのは、焼き直しと続編の制作である。これは、ロベール・ド・ボロンの「小サイクル」についても、「ランスロ＝聖杯《グラアル》サイクル」（流布本サイクルとも言う）〔一二一五～三五年〕についいても、「後期流布本サイクル」〔「ランスロ＝聖杯《グラアル》サイクル」の焼き直し〕〔一二三〇～四〇年〕についても、『散文トリスタン』についても言えることだ。『散文トリスタン』は、サイクルを断片化するどころではなく、唯一独特の物語として、それ自体で一つのサイクルであろうとした。中世において循環と焼き直しという形をとった書記行為は、「枝〔篇〕」という用語において暗喩される。(1) というのも、『狐物語』を構成する〔「枝篇」と呼ばれる〕諸単位のあいだに緊密な関係性があるとしても、全体は連続というよりはむしろ、枝分かれする階層を構成するのだから。世界を循環的に、あるいは指数関数的に〔焼き直しと続編の制作により作品が増大していく様について言っている〕把握するにあたっては、構成という問題が本質的であったことが分かる。

(1) 以上、アーサー王物語の続編については、ドミニック・ブーテ、アルマン・ストリューベル『中世フランス文学入門』神沢栄三訳、白水社（文庫クセジュ）の四七～五六頁に詳しい記述がある〔訳注〕。

助言 CONSEIL

カロリング期以降、封建制における契約の基礎には「援助と助言」という言い回しがあった。家臣には、宮廷に参内して援助と助言をする義務があった。同様に、有力封建領主は王に対して援助と助言の義務を負った。それは、一方では宮廷での奉仕という形で、王の決定について意見を与えるという形をとり、他方では訴訟における奉仕という形で、封土・封臣的な性質の係争を裁くために法廷に出席するという形をとった。助言の義務は十二世紀には、カペー家とプランタジネット家の争いという文脈の中で、王の有力家臣に関わる軍事的協議や封土を巡る係争にも広がった。

評議会（フランス語 Conseil royal）の設立は、王政庁《クリア・レギス》を評議会（フランス語 Conseil du Roi）と高等法院*と会計院という専門部会に解体したことに始まる。評議会とは、助言の機能を果たす宮廷会議（ラテン語 Curia in consilio）のことである。大評議会と小評議会から構成されており、フルタイムでその職にある専門家の一団（約三〇名）を集めていた。王たちは徐々に、彼らが王族の血をひく貴族の一員であるよりも、免状を持った専門家であるようにと望むようになった。評議員の選択は最重要事だった。というのも、評議会は本当に、諮問機関であるのと同時に執行機関でもあったからだ。国家*の行政機関全体をリードし、内政と外政についてすべての決定を下し、王族の特権を執行する。中心的な役割を担っていることから、すぐに党派や分派間の対立の場と化した。あらゆる派閥が評議会にメンバーを送り込もうとし、一度評議会に入れば、派閥のメンバーが政府や行政に廷臣を指名して、国家の歯車を制御しようとした。

そのような次第で、中世*の規範とイデオロギーの構造全体が、王にはよく助言される必要があると強調し忘れる、などということはなかった。理想的な助言者は、生来の道徳的な質に加えて言えば、何よりも公益への愛と、知恵と慎重さからなる能力をもって評価される。神学者たちは、その後、二つの人物像を激しく非難するようになった。暴君は、助言を受け入れない一匹狼だからであるがゆえに。また、良き助言者の逆さまである追従者は、よい助言をしているふりをして、個人的な利益を狙っているがゆえに。改革者の言説の中心において、悪しき助言者のトポスが、大量に遍在しており、このことは「政体」における助言の重要性をよく言い表わしている。ジェルソン〔一三六三〜一四二九年。本名ジャン・シャルリエ、神学者。パリのノートル・ダム大聖堂尚書〕が書いたように、「助言を受けない王は、身体において目も耳も鼻も欠いた頭部のようなもの」なのだから。

十字軍　CROISADE

悔悛のための巡礼*、異教徒に対する正義の戦いというイデオロギー、および平和のための教会会議が合流したところに、十字軍という中世的な考えが生まれた。平和のための教会会議の目的は、封建社会を鎮撫し、騒々しい城主《シャトラン》たちの暴力を誘導することにあった。一〇九五年十一月にウルバヌス二世がクレルモンで説教をした際に、当時イスラム教徒の手にあったキリストの墓を解放しようという展望は、最良のはけぐちとして、また、冒険*が渇望されていることには好都合な地平として提供された。定期的に打ちあげられる十字軍の夢が中世*を区切った。歴史家たちは一〇九六年から一二七〇年までのあいだに八回のイスラム教徒に対する十字軍を数えている。しかしまた、南仏におけるアルビジョワ派に対する十字軍、あるいはバルト海での異教徒に対する十字軍というのもあった。厳密な意味では、第一回の十字軍だけが本来の十字軍の範疇に合致するものであった。

教皇により開始され、偉大な説教師〔隠者ピエール、フルク・ド・ヌイイ、聖ベルナールら〔それぞれ、第一回、第四回、第二回の十字軍の勧誘を行なった〕〕によって広められた十字軍への呼びかけに対して、社会における上層階級から民衆のただ中まで人びとが応えたという熱狂ぶりは、第一回十字軍が抱えていた終末論的・至福千年説的任務を示してくれている。

その後、もともとの理想と熱狂ぶりは衰えた。十字軍は、聖なるものと暴力のあいだで揺れることとなった。預言的であったものが、しばしば虐殺へと道を外した。一〇九九年七月十五日のエルサレム陥落、一二〇四年の第四回十字軍のコンスタンティノープルへの脱線、反ユダヤ主義による大虐殺、少年十字軍（一二一二年）、パストゥローの十字軍（一二五一年）〔フランドル農民たちが十字軍への参加を口実にフランスを荒らした〕がその例である。攻撃的な欲動が、救世主への待望と混ざり合ったのだ。しかし、十字軍は文学において絶えず夢想されていた。武勲詩*に始まって、ブルゴーニュ宮廷における「きじの誓い(1)」の空想に至るまで。

（1）一四五四年にフィリップ善良侯がトルコへの十字軍発向のため、リールの宮廷で催した祝宴においてたてられた誓い。壮大な儀式にも関わらず、十字軍が派遣されることはなかった。ホイジンガは『中世の秋』の複数の箇所でこの祝宴について筆を割いている〔訳注〕。

奥方、姫君、乙女　DAME, DAMOISELLE, PUCELLE

中世*において奥方のことを言う「ドミナ（ラテン語 domina）」は、愛人であり、妻であり、恋人であり、主君であった。「奥方（古フランス語 dame）」とは反対に、「姫君（古フランス語 damoiselle）」は、未婚の若い女性を指した。また別のニュアンスが「姫君」と「乙女（古フランス語 pucelle）」を区別した。「姫君」という語が社会的に高い地位にいることを強調しているのに対して、「乙女」という語は若く処女であるという特徴を強調していた。中期フランス語では、高い地位にあるという観念が若くて独身であるという観念に打ち勝った。その延長として「姫君」は、「小貴族の女性」や「ブルジョワと結婚した貴族の女性」を指すようになり、さらに特定化と意味のずれにより、この語は下の社会階層にある「女中」を意味するようになった。「奥方」、「姫君」、「乙女」という語はつまり、三つの年齢層というよりはむしろ女性の身分を象徴していた。

　というのも、中世における女性の地位は、一般的に男性（夫か父親）との関係によってのみ決定されたのだから。女性は、その男性に対して従順で敬意を払い、忠実でなければならなかった。このような社会的従属に、経済的かつ文化的な従属が加わった（自身の財産を夫に管理され、文字を読むというのも時代が下ってからのことだった）。文学作品は、複雑なイデオロギー構造を巡る、このような階級モデルを伝えてくれている。マリア信仰はマリアを、処女性と霊性を調和してくれるものとして、女性の理想とした。これらは、誕生の時から罪の刻印を押された女性の肉性と対立するものである。ＥＶＡ―ＡＶＥ（エヴァ・アヴェ）という回文は、イブの娘たちにマリアの隣に列する可能性を開いてくれた。宮廷文学は、このような象徴的階層を換骨脱胎して、封建制度の規範を代わりにおいた。恋する男は、その貴婦人の臣下になり、つねに奉仕することで彼女の好意に値するものにならねばなくなった。女性蔑視のテクストの水脈においては、ファブリオー*が絶えず思い出させてくれる。夫を持つ女は肉の存在であり、悪知恵に長けていることを。彼女が社会的な軛《くびき》と夫の権威から解放されるのは不倫を通じてのことであり、その結果、彼女は愛人とのあいだに感情的かつ性的な理解を獲得する。中世における婚姻の力関係の転覆は、なによりも、ゲームのようなものだと言われている。時として周囲を硬直化させるのと同時に自身も硬直化する社会の序列化に、風穴を開けるための一つのやり方なのだと。

献辞　DÉDICACE

ロマンス語文学〔ラテン語文学に対する俗語文学〕は始まりにおいて、学術的なラテン文学を競争相手としたが、歴史〔性〕と模範性を手掛かりに自分に地位と価値があることを主張するようになった。このため、フランス語で書く際には、そのことを正当化することが必要だった。序文とエピローグとトポスは、書こうという企てを、有用であるという口実のもとに弁護するための戦略的な場となった。なるほど作者*は、創作は自立したものであるという概念の中で、書きたいという欲求に応えることができた。とりわけ、神から直接書けという命令を受けたと述べる神秘主義者や、愛に乞われたのだと述べる中世*末の抒情詩の作者の場合がそうである。しかし、このように独立性を誇示すると、間接的な注文があることが時として隠されてしまう。ジャクリーヌ・セルキリーニ＝トゥーレが説明するように、作者は、これに続けて、自著を献辞によって捧げることで、物質的あるいは象徴的利益を得ようとするのである。外套や馬や金銭や宮廷での地位を得るために、作者たちは写本*を何枚も複製して、各々の献呈先に相応しい献辞を付すのにためらうことはなかった。とはいえ、直接に注文を受けるというのが最もよくある状況であり、序文において書物を書く動機として述べられた。

書物の庇護者、献呈先として神と主君に呼びかけた後、献辞は、神が作者*に与えた知恵を広げるという使命により、教え公表する必要があることを、導入のトポスに従って示す。この冒頭の構成で述べられる記憶の保存の必要性は、中世にとって根本的な問題だと判断されていた。記憶は最後の審判のために保存されるべきであり、また、模範と価値基準とを示して人びとを結束させるのにも役にたった。このような記憶は、定義から言って真正であり、根拠を歴史においた。また、真実を保証するものとして、絶えずテクストの入り口で想起された。「耕作」〔フランス語 labour の訳。古フランス語では「辛い仕事」を意味する〕において出会った困難（〔原典の〕ラテン語が難解だとか、冊子が不完全であったとかいうこと）に言及する場合、翻訳者は、もとの作品の第二の作者として、言語に関わる仕事をする際の鋭い意識（典拠を明瞭に示したり、時として必要な徳化を施すなどして、テクストを翻案する必要があるということ）を示すことになった。事実、献辞文である序文は、本当の意味で「先立つ言葉《プロ＝ロゴス》」〔フランス語 prologue のギリシャ語の語源 pro-logos〕だった。そこは、作者が献呈先に言葉を向けて最初の言葉を展開する空間なのだ。

この項目で言及されている文献

J. Cerquiglini-Toulet et al., *La littérature française : Dynamique et histoire*, *op.cit*, t. 1, pp.80-83

開墾　DÉFRICHEMENTS

中世における開墾は、この時代の発展の象徴だ。この語は、未開拓地（森林、荒れ地、沼地）の上に耕作可能な土地を前進させる大規模な運動を指す。十一世紀から十四世紀初めまでに展開され、十一世紀から十三世紀のあいだに絶頂を迎えた。

資料には二つの様式の開墾が見られる。一つは、農民の自主性に関わる。ごく少しずつ土地を獲得していくという形で、多少とも非合法に行なわれた開墾であり、家計を賄うために耕作可能な土地をくすねとろうとするというものだった。その結果、区画と小道の網の目の外観が不規則になった。二つ目は、権威〔王、在俗および聖職者の領主、コミューン〕が開墾の運動を引き受けるというものだった。このような形で主導されたのは、十一～十三世紀に特有のことだが、区画が長方形で開放されて、農地の眺めに以前より規則的な様相を与えることになった。人口増加の影響により、土地が渇望されているという状況で、権力者たちは〔農民による〕無秩序な主導にとって代わって、領地を鎮定し、人で満たし、引き立たせようとした。注目に値する例の中でも、イル・ド・フランスの王領の活用は、フィリップ尊厳王による「カペー家の成功」の基礎となった。小作人への土地委譲が実施されたのである。すなわち、土地が将来の住人――小作人――に委譲された。小作人はこれを開拓し、税の免除と自由権《フランシーズ》を享受した。また、多くの新しい村が開墾された地域に散りばめられて、地域全体を活性化させた。〔フランス語の地名に残り「新村」という意味の〕ヴィルヌーヴ（villeneuve）のことである。しばしば、共有領主権、すなわち複数の領主間で提携して収入を共有することを契約することにより、勢力対立を抑え込むことができた。しかし、十三世紀以降は、西欧における「満ち足りた世界」〔スイスの画家、彫刻家、博物学者、作家、哲学者ロベール・エナールの著作の名〕の現実に関して、すでに環境保護的な認識が生まれて、開拓の減速と、樹木で覆われた地域と森林を守ろうという態度がもたらされた。

開墾地が現われたことにより、中世の想像界がむすぶ像のある部分は重要な変化を被った。驚異的なもの、不安を抱かせるもの、聖なるものであった森は、経済と経営的合理化の対象になったのである。

法 DROIT

中世*には、蛮族の法、封建法、慣習法と並んで二つの知識階級の法律があった。聖職者の社会を組織する教会法と、世俗社会を構成する世俗法である。教会法は、十二世紀の一一四〇年に『教令集《デクレ》』を編纂した修道士*グラティアヌス(1)の集成に基礎を置いている。彼の後、教令集学者《デクレティスト》たちは、この「教令集」に注解を施し、教皇令集学者《デクレタリスト》たちは、教皇グレゴリウス九世〔在位一二二七～四一年〕が発令した文書の選集である『教皇令集《デクレタル》』に注釈を施した。十五世紀以降、後者には『リーベル・セクストゥス』(2)、『クレメンス五世〔在位一三〇五～一四年〕教皇令集』、『教皇令集補遺《エクストラヴァガンテース》』が付け加わった。法から法へと、借用や転用が増加していった。いくつかの法の構成、それにまつわる経験が他の法に影響を与えた。

(1) 一一六〇年没。アベラールの「然りと否」の方法を使って、教父の作品、教皇書簡、公会議のあいだの矛盾を調和させようとした〔訳注〕。

(2) ボニファティウス八世（在位一二九四～一三〇三年）による教皇令集。グレゴリウス九世による教皇令集が五巻本であったため、「第六巻」を意味する名が付された〔訳注〕。

中世文明を支配していた神学に対して、法学は、中世国家*の自律的建造に奉仕しうる、統治のための真の学問として認められる必要があった。実際に、ユスティニアヌス帝の時代の編纂物、すなわち『勅法彙纂』、『学説彙纂』、『法学提要』、『新勅法』の四つの大集成に基づくローマ法が十一世紀後半に再発見されると、国家行政とその機構は法律家、すなわち大学*法学部を経た人びとの能力に左右されることになった。法律文書は全体として、法律家たちの〔専有物だった〕ローマ法を普遍法へと発展させて、公国や国家における法の構築の源となる傾向があった。「法学は、他のあらゆる学問にも増して、中世後期の政治的な雰囲気を決定した」（B・グネ）。以後、法律家は一種の「法の威厳」（P・ジッリ）を享受できるようになった。それはただ、財産や貴族の血に欠けているということを埋め合わせてくれるだけでなく、法律に関する学識者と専門家とが、王の近くで国家への奉仕して、大きく立身出世することを可能にしてくれるものだった。ジャック・クリネンが書いているように、「この新しい王の戦士の目には、戦士的社会は法による支配の陰で消えつつあった」のだ。

この項目で言及されている文献

B. Guenée, *L'Occident aux XIVe et XVe siècles*, Paris, P.U.F., 1971, 5ème éd., 1993, p.96

P. Gilli, *La Noblesse du droit. Débats et controverses sur la culture juridique et le rôle des juristes dans l'Italie médiévale*（*XIIe-XVe siècles*）, Paris : Champion, 2003

J. Krynen, *L'empire du roi. Idées et croyances politiques en France*（*XIIIe-XVe siècle*）, Paris : Gallimard, 1993, p.84

書くこと　ÉCRITURE

中世において、書くことは稀であり、費用がかさんだ。そのため、人びとは不可欠で「報告する価値がある」と感じ取られたものごとやできごとだけを書きとめた。

この記憶を書いて保存するという役割を演じたのは、知識人の言語であるラテン語だった。しかし、十一世紀末に古フランス語が書記言語の地位に就いた。とはいえ、この書き言葉への移行は複雑だった。知られているうちで一番初めにフランス語で書かれた詩『聖ユーラリーのカンティレーナ』は、十一世紀末に遡り、ある一葉の写本の裏面にたった二九行で筆写されてわれわれに伝えられている。物語体の教訓詩は、キリスト教の信仰を放棄することを拒んだユーラリーの生涯と受難と栄光を語っている。ユーラリーは、殉教をした後、鳩の姿で空に旅立つ。祈りの奨励に終わるテクストは、典礼の周辺に位置するテクストのセクションに組み込まれており、韻文の構造をとっていることから、歌の題材であったと考えられる。つまり、『聖ユーラリーのカンティレーナ』は宗教歌であるが、戦いの歌に続いて記されており、作詩の構造が変化する様と、俗語が新しいジャンルに開かれていく様を示している。

教会　ÉGLISE

教会は、西洋中世における大きな現実——たとえこの時代と混同されることはなかったにせよ——だったが、これは多義的で多形態な現実である。実際に、教会に関わる事象とは、その一語でもって、共同体としての教会と大建造物としての教会、すなわち、信徒たちを統率する機構と、同じ信徒たちを迎える建物のことを言っているのである。

小教区、参事会、小修道院、修道院、大修道院、大聖堂のいずれであるかを問わず、中世の教会はこの時代の人びとの日常生活の中に偏在していた。鐘の音と聖務日禱の祈りによって、教会は一日の時間を区切っていた。季節と太陽年に沿う典礼暦のリズムにあわせて信徒たちを統率していた。田舎の景色においては多様性により、都会の景色においては、ゴシックがとくにそうだが、巨大性により目立っていた。とりわけ、出生から死に至るまで、結婚、主日の集まり、しばしば受ける秘跡といった人びとの人生における重要な瞬間を受け入れていた。ゆえに、神の家とは、人びとを統率し社会を組織化する教会の力を、石において表現したものだったということになる（D・イオニャ＝プラ）。建物が、それに先立つ共同体を物質化し、これに意味を与えたのである。

事実、教会は何よりもまず、人びとの共同体であった。このことについて、聖パウロが既に、教会は神秘体だと言っているし、聖徒の交わりの教義は、教会が目に見える成員と目に見えない成員を一度に包み込むことを保証している。隠喩と寓意とが競って教会を象徴しようとした。救済の舟、契約の柩、天上のエルサレム、シオンの丘、イスラエルの娘、雅歌の花嫁など。これほどに神秘的であったのに、中世のキリスト教教会は、それと全く同様に人間的であり、物質的でさえあった。組織としての教会が、人びとに最も近い場所で彼らを統率するために、建物としての教会に具現された。中世のキリスト教信仰の力は、教会のこの能力に宿っていたことが見えてくるだろう。

この項目で言及されている文献

D. Iogna-Prat, *La Maison-Dieu. Une histoire monumentale de l'église au Moyen Âge*, Paris : Seuil, 2006

帝国　EMPIRE

中世*において、帝国は現実というよりも観念であり、さらに言えば、夢の地平だった。その観念の中身は一方で、ローマ帝国の壮大な記憶と一緒にローマ文化に根づいている。また他方では、本質的に普遍的宗教であるキリスト教文化に根づいている。この宗教の君主には、民を救済に導くという神聖な仕事が与えられているのである。実際、帝国原理の核心は、「世界領有（ラテン語 dominium mundi）」を正当な権利として主張することにあった。それは皇帝と、本質的に同様に全世界的広がりを主張している教皇とのあいだで緊張・競争の種になっているものを主張する、ということだった。実際には、何者もこの野望には到達しなかった。ユスティニアヌス帝は、ビザンティン皇帝の中で最もローマ的で、コンスタンティノープルから古代の統一を復活させようとしたが、彼でさえそうではない。シャルルマーニュの権威は最大に広がり、彼の顧問団と宮廷知識人のイデオロギー加工に従って言えば、ローマ教皇の手から「皇帝（ラテン語 imperator）」の位を得たことになっているが、その彼も。死後、皇帝選挙が政治的作業に過ぎなくなったフリードリヒ二世も。カルロス五世は、十六世紀のただ中に至るまで世界王国という中世の古い夢を追いかけていたが、その彼にしても同様である。事実においては、理論が統一イデオロギーに固執していた分だけ、これらの帝国の実際的統治は無理になっており、弾け飛ぶよう運命づけられていた。オットー一世の時代（九六四年）より、結局のところ他にもいる君主のうちの一人に過ぎない、ドイツとイタリアとブルゴーニュの王のことを一定して皇帝と言うようになった。一方、フランスでは十三世紀以降、王は「王国における皇帝」と名乗るようになり、不当にもシャルル禿頭王以来の皇帝の飾りである宝珠を身に付けた。皇帝がフランスに来る際には、王の背後を進んだ。白馬に乗る権利は王だけにあったのである。以上の手がかりは、帝国は普遍的なものであるという論理に逆らって、複数の主権国家が西洋で発展していたことを物語っている。

ゲルマン民族による神聖ローマ帝国ということが言われるようになったのは、十三世紀以降のことである。その結果、一三五六年に金印勅書が七人の選帝侯からなる選挙人を決定した。この際に、帝国は地理的にかつ決定的にドイツの地に限定されることになった。〔古代ローマとエルサレムが八角形をなすと考えられていたことに由来する〕八角に閉じた帝冠と黄道十二宮をあしらった青い外套が示すように、普遍的権力への野望はそのままであったにしても。

とはいえ衝撃的なのは、帝国という虚構が空想に占めていた位置である。「人びとは信じ、望み、さらに恐れているのだ。」（B・グネ）帝国という観念は、普遍的平和*へのあらゆる希求を引き起こした。このことについては、ダンテも他の人びとと同様に、皇帝だけが平和を保証することができると断言している。皇帝の称号を持つことは、それがもたらす権力と比べれば度を越して、経済と交際を展開するためのきっかけになった。「世界領有」への歩みが生み出す紛争は、しばしば賭け金なしの闘いだったことが判明している。動機は権力の拡張というわけではなく、まともな地政学からすれば無意味な闘争であった。帝国は、教権と帝権がぶつかるところ、すなわち、教皇とドイツの君主の関係の困難な歴史の中に閉ざされていた。要するに、帝国とは、中世においては、「現実の政治」（ドイツ語 Realpolitik）の正反対だった。

この項目で言及されている文献
B. Guenée, *L'Occident aux XIVe et XVe siècles, op.cit.*, p.65

百科全書 ENCYCLOPÉDIE

「百科全書」という用語は十六世紀にならないと出現しないが、概念は中世*のあいだずっと存在しており、人類の知識を秩序だてて総まとめにするものと理解されていた。

編纂と通俗化の仕事である、これらの先駆的な百科全書は、創造と創造主の周りに構成されているものの全体として理解されている知に人びとを近づかせようと図っていた。百科全書は、その学問的な使命ゆえにラテン語で書かれた。トマ・ド・カンタンプレの『諸物の本性について（*De natura rerum*）』〔一二二八年に一九章からなる第一稿、一二四四年に一章を追加した第二稿〕、バルテルミ・ラングレの『諸物の特性について（*De proprietatibus rerum*）』〔一二三〇～四〇年頃成立〕、ヴァンサン・ド・ボーヴェの『鑑（*Speculum*）』〔一二五七～五八年に編纂〕がそうである。しかし百科全書はまた、さらに広い普及のために、作者*たちの出自に関わらず、フランス語で書かれることもあった。イタリア人であったブルネット・ラティーニの『宝典（*Livre du Trésor*）』〔作者のフランス滞在中（一二六〇～六六年）に執筆され、フィレンツェに帰った後も加筆された〕がそうである。オータンのホノリウス(1)の百科全書『世界像（*Imago Mundi*）』を原典として、ゴスアン・ド・メスによって一二四八年に編纂された『世界像（*L'Image du Monde*）』には、地理と気象学と天文学が相当な分量を占めている。百科全書は、さらに錬金術論（十四世紀のニコラ・フラメルによる『象形寓意図の書（*Le Livre des Figures hiéroglyphiques*）』、十五世紀でいえばニコラ・ヴァロワの『秘中の秘の鍵』（*La Clef du Secret des Secrets*）やニコラ・グロスパルミの『宝の中の宝（*Le Trésor des Trésors*）』、ジャン・ド・ラ・フォンテーヌ『学問を愛する人の泉（*La Fontaine des amoureux de Science*）』一四一三年）と天文論に道を開いた。

（1）一〇八〇～一一五〇年頃。「オータンの」は通称であるが、誤り。現在の学術書では、ホノリウス・アウグストドゥネンシス（Honorius Augustodunensis）と表記される。著者によると、ラテン語表記によって一般の読者に衒学的な印象を与えないために敢えてこう記したということである〔訳注〕。

中世の百科全書主義は、知の伝達（六世紀から十二世紀）から知の構成（十二世紀から十五世紀）に転じたが、聖アウグスティヌス以来、世界という「書物」をよりよく理解するために自然をよりよく理解しようと図ってきた。中世の百科全書は、古代*と中世*の作家の権威に基礎をおいて、知を普及して感知可能な世界を理解する手だてとなることを何よりも夢見ていた。

彩色装飾　ENLUMINURE

「彩色装飾を施す（enluminer）」、「彩色装飾（enluminure）」、「彩色装飾師（enlumineur）」という語が出現したのは十二世紀のことである。これらは、ラテン語 illuminare（「明るくする」、「照らす」、また、比喩的に「明らかにする」）をもとに作られた。「彩色装飾」という語は、一般的に、ラテン語の miniare（「赤色、すなわち酸化鉛を塗る」）に由来する「細密画（miniature）」に関連づけられている。実際、大文字の飾り文字（lettrine、装飾頭文字）は、装飾題字（rubrique、「赤土」を意味するラテン語 rubrica に由来）と同様に、写本に赤色で描かれた。彩色装飾は、テクストを空間に位置づけて強調しようという意思に応えつつ、さらにイメージによってテクストに品格を与えようという美学的な意思によって特徴づけられる。このテクストとイメージの遊戯において細密画は受け手であるが、しばしば、彩色装飾を施すべき作品について画家がなした読みに対応して、テクストから抽出された主題を表象する。彩色装飾とは映像化するという行為だが、画家がイメージを介してテクストに新しい意味を与えることで、テクストを説明したり複合的にするという行為にもなりえる。彩色装飾師（ラテン語　pictor）と写字生（ラテン語　scriptor）は、テクストの複製に携わる写本者の活動の二つの側面を演じている。とはいえ、オノレやピュセルやランブール兄弟やフーケやブルディションやポワイエを除けば、とくに中世前期に制作されたものに関して、フランスの彩色装飾師たちの大部分の名前を私たちは知らない。

剣　ÉPÉE

ジョワイユーズ、デュランダル、エクスカリバー。これらは、その名高い所有者であるシャルルマーニュ、ロラン、アーサー*の名を剣の力によって響き渡らせる三つの神秘的な名称である。というのも、中世文学における剣は防御用あるいは攻撃用の武器以上のものだったから。シャルルマーニュの剣は、〔俗人に聖職者への告解の義務を課した第四回ラテラノ公会議のあった〕一二一五年以前は、王公貴族の告解の対象だった。〔『ロランの歌』において〕サラセン人が剣を奪おうとした際に、瀕死のロランを生き返らせたロランの剣は、完全な意味で物語の登場人物だった。〔『アーサー王の死』において死に瀕したアーサー王が、剣を手に入れた湖に返還するため、騎士ジルフレに投げ入れるように命令する場面で、〕湖から突き出た手が剣をさらいに来ない以上は、騎士*が剣を消滅させていないと知ったアーサー王の死を剣は引き延ばした。選ばれた者を英雄にしたり、死を輝かしいものにしたり、文学作品に連続性と意味を与える能力を、異教徒の剣であれ、キリスト教徒の剣であれ、剣は驚異*から引き継いだ。剣は、神の武装した腕であり、騎士の魂であり、騎士叙任式によって騎士身分に属しているのだという印になった。所有者に瑞々しい力を授け、また、地に置かれた時には死ぬ権利を与えた。人を英雄にし、〔その者が他人の〕生命を奪うと決めた時には神にさえする能力を与えた。十八世紀になり、ラクロの『危険な関係』でヴァルモンの脇に下げられるようになると、剣は、騎士道のイメージのなにがしかが死んだことを示すことになるだろう。

国家 ÉTAT

「国家」という語が使用されたのは十五世紀になってからのことだ。中世*のあいだは、政体という意味で、〔ラテン語で「政体」の意味の〕corpus politicum、〔古フランス語で同上の意味の〕corps de policie、さらに〔以下はラテン語で〕regnum〔「王政」の意〕、場合によってstatus regis et regni〔「王と王権による政体」の意〕と言われていた。問題になっているのは、定められた領地において、主権を有する権力に住民を結びつける政体である。十四世紀から十五世紀にかけての大きな現象として、封建国家と呼ばれているものから近代国家への推移があった。すなわち近代国家の生成である。封建タイプの国家では、王はあくまでも封建ピラミッドの頂点に位置する領主であり、誰にも臣従の誓いをなすことはなかった。近代国家では、王は臣下たちの君主であり、彼らと対話をする。時として、とくに三部会とも呼ばれる諸身分による会議の際には、対話は直接的であった。この会議の開催目的は、臣下から租税*についで同意を得ることだった。百年戦争はそのきっかけであり、つまり、近代国家建設の原動力だったのだ。四つの大きな領域が、国家の定義に関わってくる。司法と立法権と定期的課税と戦争である。国家行政は官吏や、大学で免状を得た者が段々と増えていく（一二〇〇年以降のこと）技術者、法律顧問、法律学者によって行なわれていた。さらに中世末に地代と領主収入が減少した結果、君主に仕えることになった貴族もまた、時としてこれに携わった（十四〜十五世紀）。

中世の理論家は、国家を「王冠」という語〔「ラテン語で」〕corona regis）において考察した。「王冠」は永続的で絶えることがなく、不変不動で、王という個人そのものを越えて続いていく。財産と権利と国王特権の全体、侵犯不能の永続的な全体の表象である。王は行政をする者というに過ぎず、「王冠」の所有者ではない。王には二つの身体があるという理論によれば、王は「王冠」に奉仕する者である。この理論は、個人としての君主は、王としての職務に奉仕するというもので、「権力と個人を法的に分離する」（J・クリネン）のである。

国家の第一の目的は公の幸福であると、十三世紀以降アリストテレスの著作に影響された政治理論家たちは言った。この主題を論じるにあたって、政治的考察は諸々のイメージと隠喩によって強調された。国家は有機体のように考察された。国家は頭を一つしかもたない身体であり、社会における諸階級、諸身分は目であり、心臓であり、肩であり、腕である、などと言った。国家は大宇宙《マクロコスモス》、すなわち唯一の主導者である神によって支配される宇宙にならって統治される小宇宙《ミクロコスモス》である。国家は、庭、船、広場、その他たくさんのイメージである。

この項目で言及されている文献

J. Krynen, *L'empire du roi, op.cit.*, p.160

破門　EXCOMMUNICATION

深刻な過ちを犯した構成員に教会*が宣告する罰である破門とは、キリスト教および小教区の共同体からの一時的な追放のことであり、秘跡や墓地、また教会による共同のとりなしを奪われるという印を通じて明らかになる。当初は宗教的追放だったが、すぐに社会からの追放となった。これは中世*においては耐え難いことだった。というのも、中世人の日常的現実を織りなしている社会的紐帯を奪われてしまえば、破門者は必然的に、一時的に奪われてしまった共同体における自分の地位を回復させるため、赦しを請うように仕向けられたからである。

十世紀以降次第に、破門は俗世間の内紛を解決し、暴力を抑制するために、社会統御の武器として用いられるようになった。つまり、政治的駆け引きと地上的な関心事のただ中で、神聖なものや霊的なものが取り扱われたということだが、これは、典型的に中世的である。この混同には、大きな落とし穴が隠されていた。つまり、罰の霊的性質が弱まったのだ。その結果、破門は増加した。あまりにも頻繁であったと言われており、ゆえに効果は小さくなった。恐れが小さくなったからである。実際には、この矛盾は数語に要約される。破門は、霊的処罰としてはもう恐れられないが、社会的紐帯への損害としては恐れられたのである。事実、破門は不名誉や悪名と同一視されて、「破門者」は中世の罵り言葉の一覧表に入るぐらいだった。日曜日の集会毎に、〔教会の内陣前の柵で行なわれた破門者の〕立ち退き勧告の中で名前を出されて、破門者は追放されていることの恥辱を味わい、公的に名誉回復し、社会に対する不名誉をそそぐことを望んだ。中世におけるキリスト教徒にとって、あらゆる帰属の基礎となっている共同体と社会の土台の力を、これ以上によく表現しえるだろうか？

短い語りは、道徳的完成の同義語であり、主として聖人の生涯や宗教や道徳に関するラテン語の語りの形式として現われた。それは、道徳的逸話《エクセンプルム》の中に読むことができる。道徳的逸話《エクセンプルム》というのは短い話（逸話だったり、たとえ話だったり、格言だったり、寓話だったりする）のことで、もっとゆったりとした言説（一般的には説教）の中に組み入れられており、説教師が主張する真実について、例を用いて人を説得することを目的とする。短い語りはまた、聖人の伝記を見本として書かれた伝記《ウィータ》、すなわち聖人伝の中でも、生前、死後を問わず聖人によってなされた並外れた行ないを語る奇跡譚の中でも読むことができる。

ラテン語、あるいはもっと広く伝えたいという場合は俗語で書かれたこれらのテクストは、さらに展開された談話の中に嵌《は》め込まれることもあった。たとえば、道徳的逸話《エクセンプルム》の場合がそれであり、叙述的で、厳粛で、説得的、教訓的、修辞的な性格が説教の中にもったいぶった効果を添えることになった。伝記《ウィータ》と奇跡譚については、すぐに伝説集（フランス語 légendier）の中に組み込まれることになった。伝説集とは、聖人の伝記の集成のことであり、聖務や食事の際に共同で、また、瞑想や教化のために個人的に読まれるか、あるいは道徳的逸話《エクセンプルム》の場合と同様に、説教で使われるために要約されることになった。

ファブリオー　FABLIAUX

ファブリオーとは、一一六〇年と一三四〇年のあいだに開花した文学ジャンルである。

ファブリオーは、短い自立した話（このことは、選集への組み入れという問題を生じさせる）であり、八音節の韻文*という形式を備えているが、野卑な調子と、（寓話《ファーブル》とは異なり）登場人物が人間であることと、語るに値するできごとによって特徴づけられる。語るに値するというのは、楽しく、模範的で、日常生活における諸エピソードが取り上げられている、ということである。定説となっている特徴づけによれば、「韻文で書かれた民衆的な笑い話」であるファブリオーだが、いつも喜劇的というわけではなく、武勲詩*やアーサー王物語がそうであったように、その聴衆は貴族であったろう。おそらくファブリオーは、フランスの北部と中部で生まれ、名称は寓話《ファーブル》に由来している。作者は、学僧、放浪学生《ゴリャール》、宮廷楽人《メネストレル》、旅芸人《ジョングルール》、すなわち流浪する社会階層に属する人たちで、たいていは匿名だった。しかし、大作家ということもあった。たとえば、ジャン・ボデル[1]、ジャン・ルナール[2]、ゴーティエ・ル・ルー〔十三世紀後半にエノーで活動〕、リュトブフ、ジャン・ド・コンデ〔十四世紀前半にエノーの宮廷などで活躍した詩人〕、ヴァトリケ・ド・クーヴァン[3]がそうである。ファブリオーは時として宮廷趣味のパロディー、諧謔であり、コントラスト、ギャップ、驚きを求める。繊細なユーモアから猥褻やスカトロジーにまで渡る喜劇性を特徴としており、繁殖して多様という印象、豊饒の一つの形（ルチアーノ・ロッシー）により特色づけられている。とはいえ、登場人物の識別は簡単である。意味のある細部を重視することを通して、「描写可能な」世界が作られる。そこで登場人物は、多様性の見本となり、一つの類型、典型になるのである。登場人物が多様（浮気女、破戒僧、グロテスクな農民*、寝とられ亭主）であるばかりでなく、言語も多様である。独白と対話が交代しあい、特殊な個人言語を組み入れさえする（「二人のイギリス人と指輪」でラテン語や「フラングレ」〔英語まじりのフランス語〕を話す司祭、ことわざと格言の集成、など）。このような多様性がジャンルの特徴となっている。約一〇〇〇ものファブリオーのうちで、わずか一五〇だけがわれわれに伝えられているとされる。このことは、ファブリオーの題材が平板で、猥褻でさえあることから持ち上がる、受容の問題を強調するものである。

（1）アラスで活躍。作品に、一二〇〇年頃上演された『聖ニコラ劇』、武勲詩『サクソン人の歌』など〔訳注〕。
（2）一二〇〇〜二〇年頃、『鳶』、『ギヨーム・ド・ドール』、『影の短詩』など同時代の社会を描く物語を書いた〔訳注〕。
（3）エノーのクーヴァン村に生まれ、一三一九〜二九年にフランスの元帥ゴーティエ・ド・シャティヨンらのもとで文学活動を行なった宮廷楽人〔訳注〕。

この項目で言及されている文献

L. Rossi, « Introduction », in *Fabliaux érotiques*, éd. L. Rossi, Paris : Librairie générale française (Le livre de poche, lettres gothiques), 1992, pp.9-58. 著者によると、一一頁の第二パラグラフから着想を得た記述であるということである。

妖精　FÉE

妖精たちは、アーサー王*物語の奇跡において最も重要な要素の一つを構成している。超自然的で、奇妙な力を持った存在として、それらは冒険を追い求める騎士たちを助ける。ヴィヴィアーヌ（湖の奥方で、ニニエーヌともニニアーヌとも呼ばれる）のように、主人公を誘拐して、世から隠されたところで教育するということもある。

モルガン（あるいはモルグ）という人物はさらに複雑である。〔ローマ神話の〕ディアーナの化身であり、『メルラン物語』(1)においてはアーサーの異父姉として登場する。彼女に対し恋に落ちたメルラン*に教えられて、帰らずの谷を作り、不誠実な男たちを幽閉する。両義的な妖精で、騎士たちの治療をすることもあるが、またアーサー（息子モルドレを与える）やメルラン（魔法によって閉じ込める）に対してするように、罠を仕掛けることもある。

（1）ロベール・ド・ボロンによって『聖杯物語』に続く形で十二～十三世紀の移り目に創作された韻文『メルラン』は、十三世紀初頭に『聖杯物語』と『ペルスヴァル』に挟まれる形で散文化された。これが、「ランスロ＝聖杯（グラアル）サイクル」（一二一五～三五年）の構想に収められる際には、加筆、改編が行なわれた。「後期流布本サイクル」（一二三〇～四〇年）においては、さらに新たな版（一二三五～四〇年）が作られており、アーサー王物語が作品受容の中で変容していく様を示している〔訳注〕。

メリュジーヌは、長いあいだモルガンに対抗した、魔法とセクシュアリティーの妖精であるが、ジャック・ル・ゴフとエマニュエル・ル・ロワ・ラデュリーの優れた表現によれば「母性と開拓の妖精」である。十四世紀のジャン・ダラスとクードレットそれぞれの物語の中で、リュジニャンの家系のはじまりとして現われ、人間と結ばれるメリュジーヌは、土曜日に半身女性で半身蛇の「魔法使い」（古フランス語 faé）に変身する。レイモンダンと契約を結んで、一〇人の息子を産むが、皆妖精の印を備えている。多くの城を築いて、リュジニャン家に繁栄と多産をもたらす。だが、レイモンダンが契約に背いて（土曜日にメリュジーヌが風呂に入っているのを盗み見て、廷臣たち皆の前で公に彼女を責める）、メリュジーヌは城*の窓から飛び去る。政治的な寓話であるが、メリュジーヌはこの十四世紀末におけるフィクションの力を明らかにしてくれる。彼女はモルガンと同様に、権力とは妖術に近いもので、権力者はしばしば超自然的な先祖の子孫であるということを強調している。

この項目で言及されている文献

J. Le Goff et E. Le Roy Ladurie, « Mélusine maternelle et défricheuse », *Annales, économies, sociétés, civilisations* 26, 3-4（1971）, pp.587-622（ル＝ゴフ、ル ロワ＝ラデュリ「母と開拓者としてのメリュジーヌ」松村剛訳、『妖精メリュジーヌ物語　西洋中世奇譚集成』講談社（講談社学術文庫）、二〇一〇年所収）

封建制、封土　FÉODALITÉ, FIEF

「封建制（féodalité）」という語は「封土（fief）」に由来する。この語に関してP・ボナシーは、「おそらく中世史においてこれ以上に重要な概念はない」と書いている。封建制という語が成立したのは十七世紀で、中世に使用されていたわけではないが、貴族と権力者、すなわち自由人という指導的階層における社会的関係の総体を指示している。封建的主従関係は、二人の人間を、封土に基礎をおいた相互的義務制度によって特徴づけられる個人的従属関係に引き入れた。主君は臣下の保護と保安と保全の義務を負った。臣下は主君に援助と助言*の義務を負った。すなわち、軍事的援助、さらには四つの場合にとされた金銭的援助（主君が捕虜になった場合の身代金、十字軍*への出発、長女の結婚、長男の騎士叙任式)、および、(主君がとるべき決定についての)助言の義務、さらに、宮廷への奉仕と裁判の義務である。主従関係の始まりの儀式は、身振りと言葉と事物の交換から成り立つ公的儀式であり、臣従の誓い(ひざまずいた臣下により主君に捧げられ、両手を包み込む儀式(中世ラテン語 immixtio manuum)と平和の接吻*が行なわれる)と宣誓(臣下のみ、普通は聖遺物に手を置いて行なう)と財産、すなわち、しばしば土地を表象する象徴的事物である封《ほう》(fief)の贈与あるいは授与から構成された。強制的であり象徴的な贈与である封は、臣下が生計をたてることと、武装を整えることを可能にした。封土の序列は、ピラミッドの頂点にいる王直属の大封建領主たちから始まり、アングロ・ノルマンの陪臣たちや、カタロニアの騎士《カバレロ》たちのような弱小の封臣に至る封建的階級をもたらした。

封土は収入と課税の源だったので、マルクス主義の歴史編纂において、封建制度は封建主義(カール・マルクスによって造語された新語)、すなわち、経済的下部構造に組み込まれた社会体制・政治体制の一面であると定義された。マルクス主義思想は、封建制度の仕組みを農民の生産物と農業の成長による余剰物の搾取であると叙述し、封建主義を古代の奴隷制度と現代の資本主義とのあいだに位置づけている。

この項目で言及されている文献

P. Bonnassie, *Les cinquante mots clefs de l'histoire médiévale*, Toulouse : Privat, 1991, p.86

至純の愛、宮廷風恋愛 *FIN'AMOR*, AMOUR COURTOIS

〔ヴィクトル・ユゴーの戯曲〕『リュイ・ブラース』における「星に恋するみみず」という嘆きは、〔「至純の愛」が謳われてから〕八世紀の後に、中世を喚起する力に満ちながら響いている。というのは、騎士*や詩人は主君に仕えるのと全く同様に、意中の奥方*に仕えたのである。恋する男は奥方を主君とみなして、彼女と紡ぐ関係は、臣従の誓いを模範にして築かれた。ゆえに詩人は、臣従の誓い〔以下はオック語 omenatge, ligansa〕と忠誠の誓い（obediensa）を捧げた奥方の「奉仕者」（臣下、奴隷、召使）なのである。この愛と書記行為に関する概念は、イタリア（清新体）やドイツ（ミンネザンク）、イベリア半島で広まって、北フランスでも歌われるようになった。このような概念は、「至純の愛」（fin'amor）という語によってオック語から生まれた。その目的は、性的な行為という解決法によって欲望を実現することではなく、愛の理想の基礎となる諸価値を身につけることで欲望に様態を付与する〔言語学の用語で、話者が言語的な手段で発話の対象に対する態度を表わすことをいう〕ことにある。この完璧なモデルにおいて、個人と社会だけでなく詩を支配している主要な価値は以下の通りである。「節度」（**mesura**、技量、慎み深さ、自制、謙遜、控えめな様）は「礼節」（**cortesia**、「節度」のように個人的なものではなく社会的な価値）に応えるもので、「過剰」（**desmesura**）とは対立している。「気前の良さ」（**largueza**）は「吝嗇」（**avareza**）に対立するものだ。「潑剌」（**joven**、若さ、精力、率直、恋心）は「老い」（**velheza**）と対立するものである。「喜び」（**joi**、愛の想念に引き起こされる、ほぼ神秘的な高揚感、欲望の取り繕った形、あるいは自然な形による昇華、さらに欲望の成就）は、もっと複雑な形で「悲しみ」、「怒り」、「悩み」(dol, ira, enoi) に対立している。〔南仏の〕「至純の愛」が〔北仏の〕「宮廷風礼節《クルトワジー》」と出会ったのは、「気前の良さ」〔オック語 largueza ／オイル語 largesse〕と「節度」〔オック語 mesura ／オイル語 mesure〕という、オック語圏とオイル語圏にとって本質的な二つの価値の周囲でのことだった。実際に、封建的奉仕と愛の奉仕とは同一の隠喩的記号体系に基づいて唱えられたのである。オイル語において最初に文学的な宮廷風礼節に関する観念が出てくるのは、十二世紀初頭のことで、オック語圏よりも五〇年下る。逆説的にも、「至純の愛」に関心を持ったのは〔トルバドゥールの詩とは異なって〕物語であり、それも時に南仏の観念形態を批判するためだった。というのも、北仏において「宮廷風恋愛」は、完璧な愛の美学よりはむしろ、宮廷において恋愛をすることの困難に関わる問題提起であるように見えたから。とはいえ、至純のものであれ宮廷風のものであれ、恋愛とはまさしく、愛することの幸福と絶望とを全く同時に語る、あの相反するものの融合なのである。

大市 FOIRE

商人の世界にとって、中世の大市は、貴族社会でいうところの騎馬槍試合にあたるものかもしれない。集団表象と空間表象とが、期待され、体系化され、構造化を促しながら騒々しく出会う場所であった。田舎の大市から、大きな城塞都市の毎年恒例の大市や、その地方では名を知られた都市の大市をあいだにおいて、国際的な大市に至るまで、大市はネットワークを形成し、その網目が西洋における商業の経済的活力を保証してくれるのだった。ヨーロッパ経済圏では、フランドル（メーゼン、イープル、リール、ブリュージュ）とシャンパーニュの大市、シャロン・シュル・ソーヌの二つの大市、サン・ドニの大市（パリとサン・ドニのあいだ）、ラングドックの大市（モンタニャックとペズナ）、フランクフルト、ジュネーヴ、リヨン、ライプツィヒ、メディナ・デル・カンポのそれが有名である。

とくに十二〜十三世紀のシャンパーニュの大市が、最も有名である。四つの町（ラニー、バール・シュル・オーブ、プロヴァン、トロワ）が、交互に六つの大市を催し、一年で一周するようにしていた。これらの都市を、毛織物産業のフランドルと商人の国であるイタリアのあいだに位置づける地理的な条件の総体があるのも本当だが、この国際的な出会いの成功を保証してくれたのは、伯たちの断固とした政策と、商人たちに関わる特別裁判所である。実際に、商人を効果的に保護する責任を、まずシャンパーニュの、次にフランドルの伯たちが、一二〇九年からはフランス王が背負い、商人たちの保護は、道中あるいは市場で彼らにつき添う武装護衛と自由通行証という形をとった。特別な治安機関が市に関わる特殊な法廷を管理していた。とりわけ、大市の時期は法的な例外の時だった。その間、法廷は特殊な訴訟手続きに従って裁き、慣習的な手続きは中断された。このユニークな機関は、大市を始まりの場とすることを助けた。すなわち、新たな交易品の始まり（とくに、絹、金、香辛料といった東洋の産物が西洋に入ってきた）であり、貨幣経済と、輪郭を取り始めていた新しい金融技術（為替手形、信用取引、手形、商工組合など）の始まり、つまるところ、慣行の規格化、素早く効果的な情報交換、国際為替市場の存在、さまざまな地域から来た行商との実際の出会いによる、国際的規模〔という概念〕

の始まりである。十三世紀末には、商人の定住化、商品と金銭の流れの再分配により、シャンパーニュの大市が衰退したことは確かだが、大市が促進に一役買っていた商業の活力についてはそうではない。リヨンの大市は、近代初頭においては、名声を保っていた。

フォルトゥナ FORTUNE

フォルトゥナは、目隠しをした女神であり、いまにも車輪を回転させ、一人の男を押し潰し、別の男を高みに掲げようとしている。彼女は古代*の異教の女神である。遍在する万能者であるフォルトゥナは、表象空間を独占して活用し、秩序のない世界に君臨している。

図像においても、ラテン文学においても、演劇*においても、俗語で書かれた物語においても、フォルトゥナは、その車輪を持物としている。これにより、人の業の移ろいやすさを強調するのである。車輪がサイクルと循環を象徴する交代の遊戯の中で、自然の主人として時間を支配している。

古代において、仮面と見せかけと非永続性の象徴だった異教の神フォルトゥナは、困難もありながら首尾よくキリスト教の表象に同化した。フォルトゥナは、まさに宮廷風の言葉遣いによって包み隠されたまやかしである。その存在によって、権力や財産、愛とその幻惑的なレトリック、あるいは心の気高さを伴わない血筋の貴族性*は虚しいということを告発する。姿を変えて、解体しつつある象徴的世界、詩的世界のシンボルとなったが、このことによりフォルトゥナは、幻想を告発する役割を担うに止まらず、自問自答する主体に奉仕することとなった。

ゴリアール　GOLLIARD

この語の語源ははっきりとしない（ダビデの敵のゴリアテのことだろうか？）。この語が指示する社会集団がはっきりしないのと全く同様に。とはいえ、何回も（一二二七年のトリーア公会議*と一二四一年のルーアン公会議）教会*は「ゴリアスの一族」と呼ばれる学僧たちの不品行に言及している。しかし、聖職者の中から、破壊的な行動によって目立つ集団が形成され存在したことを証言するものは何もない。

おそらく、この時代の若い学僧たちが時として冗談や挑発や放蕩に身をゆだねた、ということだろう。しかし、以下のことは明言せざるをえない。すなわち、ケルンのアルキポエタ（一一三〇頃～六五年頃）や、ユーグ・ドルレアン（一〇九五頃～一一六〇年頃）やゴーティエ・ド・シャティヨン（一一三五頃～八二年頃）が「ゴリアール的な」性質の詩を書き、歌の中で教会の権力者が金銭的に無節操であることや、社会制度が腐敗していることや、世界が無秩序に陥っていることや、それと全く同様に、ワインのこと、愛のこと、快楽のことを告発した。多くの写本が、「ゴリアール的な」作品を、民衆的な伝統に基づくラテン語韻律詩の形式で保存している。最も有名なものの中に、『カルミナ・ブラーナ』集がある。これは、バイエルンのベネディクトボイレン大修道院に由来するもので、ドイツの作曲家カール・オルフに曲想を与えた（一九三七年のこと）。

グラアル　GRAAL

グラアルは、その名に、これに関わる神話のパラドックスを内包している。誰も正確にはそれが何を包含しているのか知らないが、クレティアン・ド・トロワによる未完の『グラアルの物語』[1]（十二世紀末）以来、皆がそれに意味と役割を与えようとしているのだ。

（1）『聖杯の物語』と訳されるのが一般的だが、このテクストは、この作品で正体不明なものとして現われたグラアルという器が聖杯とされるに至る過程について述べているので、こう訳す〔訳注〕。

グラアル（graal）という語は、カタロニアで初めてラテン語の語形で使用されたと思しき一般名詞で、続いてオック語、カタロニア語で使用された。オイル語では、『アレキサンダー大王物語』（十二世紀）で高価な皿として登場し、『グラアルの物語』のように、川かますや、八目鰻や、鮭を中に入れていることもある。この作品では、漁夫王の館で食事の際、行列の中に登場する。これを運ぶのは、若い乙女である。言われながらも説明がなされなかったこの言葉は、物語が未完成であったがゆえに、不思議な性質を獲得し、大いに展開をすることになった。

典礼道具（聖体器か聖杯）なのか、豊穣の角か？　起源がキリスト教にあるのか、ケルト文化にあるのかという問いは、現代の学者たちを二分し続けている。中世の続編作者たちは、この語を換骨奪胎し、次第にキリスト教化して、キリストの受難に結びつけた。すなわち、最後の晩餐の聖杯、かつ磔刑の際にキリストの血を受けた容器になったのである。しかし、説明や注釈のあらゆる企てにもかかわらず、グラアルは中世*における最大の神話の一つであり続けている。

恩寵　GRÂCE

神のものであれ、王のものであれ、恩寵は力を表わす。神がへりくだりながらも自分の権威を傷つけることもなく、慈悲深き者でありえるのは、神が全能だからである。厳密な、パウロ的そのものな意味で言えば、慈悲とは好意であり、恩恵であり、無償の贈り物である。つまるところ、美徳の反対語ということになる。この語を使うとすれば、無限の神と人間の〔徳を測る共通の〕尺度がありうるということが前提となってしまうからだ。しかし、まさに度を超しているからこそ、神の偉大さは、慈悲の最も優れた業としての恩寵を与える。そのために、人間と神のあいだに、親密さや、また友情でさえある関係が可能になるのだ。その際には、各人の美徳と支払うべきものに従って与えるという、平等と正義のルールはさし置かれることになる。ある意味で、あらゆる恩寵は不当である。

これと同様に、強い王とは、恩寵を与えて、罰を免除する王のことだ。王は、嘆願者たちの求めに応じて、犯された罪を赦免状という儀式によって消し去る。つまり、正義と慈悲は、神の特性であるが、それゆえに王の特性ということになる。さらに、中世末*になると、王は、このような恩寵の権利を、君主たちのあいだでただ一人持つ者だと認められた。そこでは、王とその臣下の直接的な関係が問題になった。王は臣下と直接に対話するが、それは、〔臣下による〕嘆願と、赦免状に詳しく記された罪の告白と、過失の自認によって恩寵が引き起こされることによる。赦免を与えるとは、通常の司法の手続きを省くということである。このようにして、王は臣下たちの愛情と信頼を呼び起こす。赦免の権利は、王の至上権を明らかなものとし、根づかせたのである。

異端　HÉRÉSIE

語源から言えば、異端（hérésie）とは選択のことである。その選択が、既成秩序から断絶しようという、自由で覚悟のできた、断固たる意思表示だという意味で。初期キリスト教時代と中世初期にあらわれた最初の異端は、基本的にキリスト論に関するもので、教条の解釈として現われた。これを正すように励んだのが正統派の公会議*である。この意味で、「異端が存在することは必要だ（ラテン語 Oportet haereses esse）」という格言は、キリスト教の教義を作り出すにあたって異端と正統が行なった弁証法的やりとりのことをよく言い表わしている。その後、中世の大異端、すなわちワルド派、アルビジョワ派、ウィクリフ、フスの異端は、さらに根本的に中世的な抗議の形、精神的、宗教的、知的な、また、社会的、民衆的な抗議の形を現実のものとした。確かに、これらの異端のすべては、福音的、霊的な内容の要求を掲げていた。清貧*〔本書の項目「貧困」と同じ語〕は、福音における根源的な価値として強く説かれた。これを求める者は、そのおかげで、使徒と最初の信奉者たちの生活様式を模倣できる。しかし、このような使徒的な理想ゆえに、一般信徒たちのために、平等という社会的理想と、〔彼らの〕霊的な認知が求められることになった。かくして繰り返されたのが、教会に対する反教権的な批判や、聖職者と一般信徒を分離して教会の政体を階級的に組織したグレゴリウス改革のイデオロギーを捨てようという動きや、教会から現世の富を除去しようという改革*の訴えである。そこで行なわれ始めたのは、もはや叙任された司祭が持つ秘蹟の特権にではなく、字義通りの福音主義に依拠する一般信徒による俗語の説教である。封建制度とグレゴリウス改革という社会基盤は打撃を受けた。

その結果、教会の権威者は反発した。当初、司教の特権だった異端審問は、その後、一二三一年から一二三三年にかけて教皇によって用いられることになった。これは以前からの抑圧の延長に過ぎないが、これ以降は、教皇による集権化と、その権威を確認するための道具という性質があらわになった。教皇と、その使節のみが異端かどうかを判断する。本質的に言えば、異端を作り出すのは教会だということになる。これ以降、取り調べ（ラテン語 inquisitio）という手段に基づく手続きは、逸脱を処罰することではなく、異端が存在するので見つけだし、告白に追い込んで、自説を撤回させなければならないという前提に基づいて、異端の捜索に乗り出すことにあるようになる。当時の教会は間違えなかった。異端の核心は、異説をたてることにあって、無秩序はそこから生じるのだ。異端が教義の相違であるということであることよりはむしろ、これが教会の権威と規範性の否定であるという意味において。

名誉　HONNEUR

「中世の社会は、全体が名誉の社会であり、場所や社会階級による微妙な違いはなかった。〔中略〕名誉は、中世における振る舞いを説明する際に中心となる価値観である。」と、C・ゴヴァールは述べている。

確かに、〔古代〕ローマ〔で使われていたラテン語〕に由来して、〔古フランス語の〕オノール（honor）は、フランク王国の時代には、依然として高貴な職務、すなわち威光ある公的な職務（伯、公、司教の職）を指していた。その後、十一世紀から、この語は、このような職務が行使されるベネフィキウム*（恩貸地）と、それによる収入を指して使われるようになった。つまり、権力と財産を握る者たちがオノールの持ち主だったということである。

しかし、時代が下るにつれて、オノールは徐々に評判と混同されがちになった。なぜなら、この社会でオノール〔＝職務〕は、他人の視線にさらされたからである。実際にオノール〔＝名誉〕は、貴族*の専有物であるどころか、貴族にも貴族でない者にも、万人に要求された。これは品位のことだった。すなわち人は、他人の前で「名誉を保つ」のだ。またこれは、勝ち取られるものだった。すなわち人は、戦功や模擬試合により、あるいは、礼儀にふさわしく暗黙の規則により体系化された振る舞いによって、よい評判を勝ち取るのだ。また、公衆の面前で無傷のままに保たなくてはならない財産のことだった。名誉は、君主の威厳*と同様に、それを損なうもの、すなわち侮辱や非難や中傷、すなわち不名誉によって廃されてしまう。名誉が暴力を引き起こすのは、これが傷つけられた時のことである。名誉を守り、その怨みをそそぎ、回復することは義務であり、血を流すことをも課しうる反応なのだ。名誉がどれだけ中世社会の中心にあり、その所行と振る舞いを支配しているか、どうすれば、これ以上によく語ることができるだろうか。

この項目で言及されている文献

Cl. Gauvard, « Honneur », in *Dictionnaire du Moyen Âge, op. cit.*, pp.687-689（p.688）

租税　IMPÔT

「中世における直接税の歴史は、誕生と成長の歴史であり、そこでは、希望がやがて諦めに場所を譲った。」（B・グネ）当初は、「王は、自活しなくてはならない。」それが、格言だった。あらゆる領主と同様に、王は王領から収入を得ていた。すなわち、森、耕作地、市場開設や通行税徴収や貨幣鋳造に関する権利によって。収入はプレヴォや副伯《ヴィコント》によって管理された。彼ら自身も、バイイやセネシャルによって監督されていた。その後、十四世紀以降は、全体が会計院によって監督された。

通常の収入の他に、租税、すなわち、臨時の収入があった。直接税（戸別賦課税、タイユ税、十分の一税）も、間接税（上納金《エード》、塩税《ガベル》、通関税）も、これらはすべて、単発的な理由により特別に徴収される税のことだった。王が独断で租税をとることはできなかった。つねに、地方三部会や三部会の際に代表として出てくる臣下の同意を得なければならなかった。税制は、王と納税者間で力のせめぎあいが起こる場であり、しばしば、政治的危機と、租税に反対して起こされる暴動のもととなった。たとえば、一三八二年のパリの〔木槌を持って蜂起した〕マイヨタン、あるいはルーアンのアレル〔犯罪の被害にあった際に助けを求めるための「アロ」という叫びをあげる群衆による蜂起〕のように。しかし、これはまた、王とその臣下の対話の場にもなった。なぜなら、これ以降、納税者を手中に収めるため、封建的な主君と臣下の序列を超える必要が生じていたからである。租税は、統治する者と統治される者との関係を変えたのである。王国と臣民を守らなくてはならず、戦争には金がかかるという口実のもと、国家*による税制の敷設を戦争が加速させた。戦争が租税を正当化し、租税が戦争を維持させた。百年戦争は、まず、戦時の臨時税を、次に戦争のための通常税、さらには平和時*の通常税を正当化した。かくして、恒久的な税制という考えが十五世紀の後半に受け入れられて、王が独占するものとなった。この頃に、聖職者と貴族のため、税法上の例外がもたらされた。

この項目で言及されている文献

B. Guenée, *L'Occident aux XIVe et XVe siècles*, *op.cit.*, p.176

レー　LAI

「レー」（lai）という語は、ケルト語の「ライズ」（laid）に由来する。[1] ライズとは、ハープとロッタの伴奏で歌う歌を指し、その曲は聴くに心地よい〔とされる〕。ライズは、作曲法と関連のあるものと考えられていて、記念するという価値によって特徴づけられる。なぜなら、「記憶のために（古フランス語 pur remembrance）」、すなわち、冒険《アヴァンチュール》*の記憶を保つために作られるのだから。十二世紀には、マリー・ド・フランスにより、レーと物語《コント》と冒険という三つの根本的な語の周囲に文学的形式を獲得した。それに伴い、アーサー王物語の場合と同様に、冒険は、現実と超自然が乖離する地点になった。

それは、現実の骨組みを崩す異常なできごとである。冒険は、物語の中に驚異的なことが侵入することと（ギジュマール〔マリー・ド・フランスの同題のレーの主人公。「ランヴァル」も彼女の作品〕は鹿の森で牝鹿を傷つけ、牝鹿が彼の運命を明かすのを聞く）にあることもあれば、超自然に依拠すること（「ランヴァル」の主人公は理想世界に招待され、そこでは、妖精とのものであるがゆえに不可能な愛が繰り広げられる）にあることもある。このように冒険を出発点として、口承の物語、音楽を伴うレー、後には韻文の物語が繰り広げられた。ここにも、中世*における書記行為が、形式を探求することと、ジャンルを移り歩くことにあったことの印がある。

（1）「ズ」は有声の歯間音［ð］。古アイルランド語の「ライズ」（laíd）が、古ブルトン語を介してフランス語に入ったと推測されている〔訳注〕。

ランスロ　LANCELOT

ランスロは、妖精*のニニアーヌによって、父親バンからさらわれ、湖畔の領地で育てられた。これが、「湖のランスロ」という呼び名の由来である。(1) 彼は、武勲を人の形に具現している。彼の騎士としての勲功（嘆きの見張りの冒険から、ゴーヴァンとの最後の対決まで）は、王国で最良の騎士たちの一人として彼を際立たせている。しかし、とくに彼をアーサー王の宮廷の他の騎士と違ったものにしたのは、彼がグニエーヴルに寄せる愛だ。この、王妃への不倫の愛――とはいえ、非常に宮廷的な愛であったが――のせいで、彼はグラアル*〔＝聖杯〕の冒険*に旅出ちたいとは主張できない。『聖杯の探索』で他の二人の選ばれた者、ボオルトと「馬鹿者」ペルスヴァルに合流して、グラアルの秘密を明かそうとするのは、彼がグラアルをかかげる女性とのあいだにもうけた息子ガラアドである。ランスロは、「戦いと愛の」人生の果てに霊的生活に出会い、修道院で告解をし、禁欲的な生活を送りながら、その罪を償うことになる。中世のイデオロギーにおいて、世俗の騎士[*]から霊的な騎士への移り変わりが可能であることの証拠として、見本の役割を果たした。

(1) 以下は、「ランスロ＝聖杯(グラアル)サイクル」の『散文ランスロ』、『聖杯の探索』、『アーサー王の死』におけるエピソード。このサイクルのアーサー王物語群における位置づけについては、本書「組み立てる」の記述と、そこに記した参考文献を参照のこと〔訳注〕。

君主の威厳　MAJESTÉ

君主の威厳は絶対的なものだった。それは、権力の絶対的な大きさのことであり、君主の職の絶対的優位のことだった。君主の威厳は、神と聖書の超越性に根ざし、これをこの世に現前させるものだったので、世俗的・物質的な威厳は神聖なものとされた。「俗人による絶対的権力への絶対的信仰」(J・シフォロー)だったのだ。

君主の威厳は、これを傷つけようという侵犯を受けることで、かえって姿を現わす。不敬罪によって、裏返しの形で明確になるのである。不敬罪とは、君主を務める人物やその職への攻撃のことである。たとえほんの小さなものであったとしてもそうだし、また、君主の代理人である廷臣への攻撃もこれに含まれる。階級的秩序、君主権、つまりは神が望む自然の秩序へのあらゆる形の攻撃もこれにあたる。罪を告発し、処罰することによって、君主の威厳は築かれていった。糾弾により回復し、その中で勝利するのである。

根本的に、君主の威厳はみずからを語ることをしない。一連の儀式やほとんど典礼的なしきたり（聖別式、王の入市式、親裁座、葬儀など）において、また、記章（王冠、王杖、裁きの杖、剣、*ユリの花など）において姿を見せ、舞台に上ることによって作られるのである。王は、自分のイメージを輝かせなくてはならない。つまり、その威厳は、まずは見世物なのだ。王はいつも、記号の体系、やがては儀礼の体系の中に生きている。体系の中の、あらゆる要素に存在理由がある。宮殿の儀典と王宮の豪奢は、このことにより説明される。「王の威厳」は、臣下に畏怖の念を起こさせなくてはならないし、よそ者を幻惑することを目指す。かくして、政治思想が進化して、〔ジャン・〕ボダン〔一五三〇頃～九六年。フランスの法学者、思想家。主要著『国家論』（一五七六年）〕を輩出した十六世紀になると、君主の威厳と主権は言い換えが可能な語となるに至った。

この項目で言及されている文献

J. Chiffoleau, « Sur le crime de majesté médiéval », in *Genèse de l'État moderne en Méditerranée*, Rome : l'École française de Rome, 1993, pp.183-213（p. 201）

写本 MANUSCRIT

写本の概念は、中世*の文学的産物を理解するために欠かせないものである。用語が意味する〔manu（手で）-scrit（書かれた）〕ように、写本は手書きのテクストのことである。それゆえ、たくさんの部数に複製することはできない。定義から言って、唯一のものなのだ。同じ版であれば、すべての部が重なり合うというのとは反対に、写本は例外や異同を必然的に伴い、それゆえに、これが本質的に何であるかについての研究をもたらす。機械ではなく人間による産物なのだ。

中世の写本は、一般的に冊子本（ラテン語 codex）の形をとる。ジュヌヴィエーヴ・アズノールが説明するように、このようなテクストの提示の仕方は、紀元後初期における正真正銘の革命だった。というのも、持続的な読書を強いる巻子本《かんすぼん》（ラテン語 volumen）とは逆に、冊子本は章（テクストの構造）への直接なアクセスを可能にしてくれる。このような革新が、文字によってページに番号をつける習慣ができたのと同時にもたらされた。冊子本はキリスト教団により採用された。冊子本が聖書*の媒体となることにより、ユダヤ人がモーセ五書（ヘブライ語 Sefer Torah）を記した巻子本と差異化されただけに、この事実は際立っている。巻子本が中世になかったというわけではないが、年代記、財政記録、歌、〔法律文例、レシピ、占いや祭祀のやり方に関する〕定型文書など、いくつかの書物に限定されていた。したがって、巻子本は「巻いたものを繰り広げながら行なわれる」朗読のためのものだったということになる。聖職者*と書物の象徴である冊子本とは反対に、口述によるパフォーマンスの道具として、彩色挿絵が伝えてくれているような興行に組み込まれていたのである。これゆえに冊子写本は、古フランス語と中期フランス語のテクストがとくに好む媒体となった。印刷術が登場して最も一般的な普及の手段となる十五世紀までは、たいていの場合、羊皮紙を材料とした（さらに高価な冊子には犢皮紙《とくひし》が用いられた）。

この項目で言及されている文献

G. Hasenohr, « Le livre de part et d'autre de Gutenberg. Le livre manuscrit. », in *Histoire de la France littéraire*, t. 1, *Naissances, renaissances : Moyen Âge-XVIe siècle*, dir. F. Lestringant, éd. F. Lestringant et M. Zink, Paris : P.U.F., 2006, pp.151-173

マルコ・ポーロ　MARCO POLO

中世*における最も有名な旅行者として知られるマルコ・ポーロ（一二五四～一三二四年）はヴェニスで誕生し、死去した。『驚異の書』、またの名を『世界の記述』の作者であるマルコ・ポーロの名声は、あの東方世界の探検による。それは、百科事典的な地理描写と幻想的な冒険のあいだを揺れ動いて、この旅行文学作品に個人的で、かつ対照的な性質を与えている。

祖国の外で過ごした二四年（そのうち一六年は、モンゴル皇帝に仕えた）のあいだに、マルコ・ポーロは上級の行政職についた。インドとインドネシアまで旅行したが、捕囚の憂き目にもあった。このせいで、人生の歩みは複雑になり、『驚異の書』の成立状況は問題含みになった。たとえば、自筆原稿が失われて、五つの系統〔の写本〕にかなりの違いがあることは、校訂の困難さを物語っている。ジェノヴァでマルコ・ポーロと共に捕虜であったルスティケロ・ダ・ピサがフランコ・イタリアン語で書いたという仮説が、これをさらに困難にしている。

『驚異の書』は、驚異に*好奇心を持ち、配慮する作品である。その題名が教えてくれるように、旅行の話というよりはむしろ、旅への誘いである。そういえば、クリストファー・コロンブスは、この書の想像上の地理にだまされたが、これが新たな異国の探索の端緒となったのである。

メルラン　MERLIN

乙女と夢魔《インクブス》の息子であるメルラン〔英語ではマーリン〕は、矛盾を孕んだ存在である。予言者であり、魔法使いであり、ぺてん師である。二重の素性ゆえに、彼の過去と未来に関する知識は異彩を放っている。神と悪魔の子であるメルランは、安心させると同時に不安を与える。それは、彼の笑い*に似ている。絶え間なく鳴り響いている笑いは、アーサー王*の宮廷の人びとだけでなく読者にも、その呼吸音の由来と意味について問いかける。これは、リースス〔ラテン語　risus「笑い」〕なのか、デーリシオ〔ラテン語　derisio「嘲弄」〕なのかと。

メルランの神秘的な人物像は、ガリアの口承譚と、中世*を通して連続して行なわれた書き直しによって成立した。一種の自然の精を体現する者、アーサー王の導き手であり、円卓の創設者として、彼は本質的に野生の世界や、とくにノーサンバーランドの森と関係を持ち続けているのである。この森には、ブレーズという司祭がいて、ブルターニュの王国の歴史を書き記すという使命を持つ。メルランは、みずから変身し、他人の姿を変え、なぞかけによって考えを述べ、時の巡りを妨げる能力を、その曖昧な本性から引き出している。母親を死から救いだし、また、イジェルヌとユテールの愛を助けることでアーサー王の出生の責任者にもなった。ユテールの愛人ヴィヴィアーヌは、メルランから秘密を聞き出した後に、彼をダルナントの森の洞窟に閉じ込めることになるだろう。メルランは人の形をとった驚異*の証人であり、神と悪魔の戦いは決して終わらないことを絶えず思い出させてくれる。

驚異 MERVEILLE

中世の想像界において、驚異的な存在である妖精*は、歴史的な世界と驚異の世界という二つの世界の合流点を体現している。これらの世界は、女性の複雑な人格の周辺で、お互いを豊かにしたり、対立したりする。怪しい誘惑者であるモルガンと名乗るにせよ、幼少時のランスロを世話し、メルラン*を永久に幽閉した美しい湖の婦人と名乗るにせよ、ブルターニュの物語に妖精は住みついている。英雄の選定に立ち会うのは彼女たちだ。たとえば、夢魔と乙女の子であるメルラン、アーサー王、あるいは、ニニエーム（ヴィヴィアーヌとも呼ばれることになる）によって、湖の底で、姿を見えなくする空気のバリアに囲まれた状態で育てられたランスロ。巨人と小人と魔法使いが一緒に住む世界において、妖精たちは騎士たちにちょっかいを出し、助けたり邪魔だてをしたりして、キリスト教的な奇跡と異教的な驚異を緊張関係におく。幻想と反対に、現実と驚異の裂け目を捨て去ってしまうこの空間では、事物もまた、その起源が驚異にあることを物語っている。アーサー王は、石の塊から剣*を引き抜くが、この剣により王に指名される。グラアル*は、血を垂らす槍を従えてみずから移動し、これを凝視する人びとに栄養を与える。名高いブロセリアンドの泉は、石の上に水が注がれると嵐を引き起こす。

とくにアーサー王物語のテクスト群は、驚異に成長に適した環境と場所を与えた。魔術的な場所と物体、超自然の存在との出会い、異界が存在するという思いは、とくに十三世紀の物語において育まれた。古代の世俗的モチーフが再解釈をされて、キリスト教的超自然と戯れることにより、驚異はキリスト教的色彩を帯びた。ケルト的驚異は、散文物語において、合理化あるいはキリスト教化されることによって変身した。驚異が、姿を変える力と畏怖させる力を絶えず保っていることのしるしである。

君主鑑　MIROIR DES PRINCES

君主のための教育論として、「鑑《かがみ》（ラテン語 speculum）」はカロリング朝期に、君主たちに権力者の理想像を伝えるために生まれた。統治と知恵のモデルとして。王の務めに付与される道徳的義務は、君主たちにとって絶対に必要なものであるが、彼らは、さらにキリスト教徒に不可欠な枢要徳にも向き合うことになる。賢明、正義、剛毅、節制のことである。鑑の作者である聖職者たちが思い起こさせているように、王は神に指名された選ばれし者に過ぎず、その権力を教会に奉仕するために使わなくてはならないのだから。「政治学に関する最初の論考」であるソールズベリーのジョン(1)による『ポリクラティクス』〔一一五九年〕で述べられているように、王は賢人でなければならない。十三世紀以降、鑑は手本の現実性を高めるべく、歴史的な事実を根拠に、教化のあり方を実情に即して更新した。手本には、旧約聖書の王たち（ソロモン、ダビデ、ヒゼキア、ヨシヤ）や、キリスト教徒だった〔ローマ〕皇帝（コンスタンティヌス、テオドシウス、ユスティニアヌス、レオ）がなった。また、王の教育に携わった学者も、二重の反射の効果を狙ってよく引き合いに出される。アリストテレスとアレキサンダー大王、セネカとクラウディウス帝、プルタルコスとトラヤヌス帝、アルクィンとシャルルマーニュ帝がそれである。

（1）一一一五／二〇～一一八〇年。『メタロギコン』（一一五九年）では古典の研究を勧めた人文主義者。一一七六年にシャルトル司教となる〔訳注〕。

修道士　MOINE

修道士は、中世*の中心的人物である。その存在は、本質的に俗世から離れているものの、現実にはこの時代の人びとの生活領域のすべてに浸透している。修道士とは、第一に祈りの人、万人の救済に向けられた祈りの人である。初期中世の全体、とくに十三世紀まで、修道士が社会階級の頂点に位置する社会観の中で、修道院における祈りは、典礼、苦行、瞑想のどれによるかを問わず、最も純粋な神への感謝の行動、ゆえに、最も効果のある祈りであろうとした。修道士は、アーサー王物語における重要人物である探求の協力者であり、騎士*と対をなす人物でもある。修道士は、知的世界にも場所を占めている。中世初期以来、修道院はゲルマン化された社会の中でのキリスト教文化の保存庫であったことが明らかになっている。修道士たちは、教育をし、ものを書いたり書き写したりする。歴史家や年代記作者や証書の執筆者もしくは編纂者となる。修道士は、慈悲の人でもあるが、それは、この語が持つ社会的と言ってもよい意味においてのことだ。貧民と巡礼者を受け入れ、宿泊させることは、修道院の基本的な役割の一つであり、だいたい十二世紀までは、中世における社会扶助の柱の一つだった。締めくくるに、修道士は経済に携わる者でもある。土地の富と税収入によって、修道院は経済構造の中枢神経だった。とくに、シトー会の大修道院付属農場によって、工業化以前になされたいくつかの革新の頂点に立つ、比類ない生産と生産力の中心となった。

しばしば、公的な文章を作ったのが彼らであるだけに、修道士の存在を無視することはできない。少なくとも中世初期から十二世紀までは。三職分のイデオロギーを作り出したのは、クリュニーの修道士たちだった。これは、中世の社会を三つの身分、すなわち、祈る人〔以下、ラテン語 oratores〕、戦う人（bellatores）、耕す人（laboratores）に構造化するものである。そうすることで、修道士は、クリュニー〔修道院〕とグレゴリウス〔改革〕の精神に則って、霊的なエリートであろうとした。純粋さ、童貞であること、苦行、祈りによって、その他の、罪にまみれ、金と肉欲のために堕落している大衆である人びとから抜け出た存在になろうとしたのである。

テクストの可動性、可変性　MOUVANCE, VARIANCE

読者や中世研究者が中世のテクストを読む際に、最初に問題になるのはポール・ズムトールが「〔テクストの」可動性」という語で定義したものである。

というのも、テクストに関して、唯一単独の写本が残っていることは大変に稀なことで（つまり、テクストは多くの写本に書き写される可能性がある）あり、反対に、一つの写本は多くのテクストを収納しているからである。さらに、数人の写字生が、一つの写本の制作に携わっていることもある。

中世のテクストは、多くの手によって書かれることもあるが、また、リライトされることもあれば、続編が書かれることさえもある。

有名な『薔薇物語』の場合がそうである。ギヨーム・ド・ロリスとジャン・ド・マンによる版は、一つの作品となりながら、作者を二重に持つ。

ベルナール・セルキリーニがテクストの「可変性」と呼ぶものを前にして、複数ある写本の系統を明らかにするため、文献学者の仕事が欠かせない。

この項目で言及されている文献

P. Zumthor, *Essai de poétique médiévale*, Paris : Seuil, 1972（ch. 2）

B. Cerquiglini, *Éloge de la variante. Histoire critique de la philologie*, Paris : Seuil, 1989

中世 MOYEN ÂGE

「中世」（Moyen Âge）という語は、ルネサンス期のラテン語 medium aevum（一六〇四年）の翻訳である。

英語の middle age、ドイツ語の Mittelalter、イタリア語の medioevo、スペイン語の edad media、ポルトガル語の idade media についでも同様である。〔同様の表現 media tempestas が一四六九年に初出していることを考慮すれば〕「中世」という概念と表現は、中世期の終わりには既に登場していたが、「中世」という用語が実際に幅をきかせるようになるのは、二世紀後、十七世紀末になってからのことに過ぎない。最もよく読まれている中世のテクストが大衆向けの版を生み出す一方で、研究者たちは、この千年間の歴史的、文学的素性について自問しながら、写本を研究し、校訂することに専心している。とはいえ、「中世」という用語には、その用法に関わる問題がある。

というのも、この用語はこの千年間を一つの呼称に還元してしまっている。その際には、あたかも歴史的にも文学的にも統一性と均一性があるかのような印象が与えられる。さらに、軽蔑的な表象システムを築いてしまう。というのは、フランス語の《moyen》という形容詞の使用は、「過渡期的な、中間の、中央の、平凡な」という形容詞を連想させる。そうなると、この用語は「中世」を、架け橋、すなわち、ことの起源の揺りかごたる古代と、再生〔の時代〕としての十六世紀という二つの状態、時代を隔てる空間や時間として理解するように促すのだ。事実、この用語がこっそりと強調しているように、中世は暗い時代、知的、文化的な死〔の時代〕ということになってしまうだろう。「中世風の」(moyenâgeux) という形容詞は不適切だが、〔一般的に使われる〕「中世の」(médiéval) という形容詞に対立して、どんよりとした歴史上の時代を表わす英語の《dark ages》に近い、陰鬱な想像の世界を語る。しかし、フランス語や印刷術の発明や、テーブルマナー、通りの道筋、図像学的な表象、固有名詞研究、ロマネスクやゴシックの建築は、中世の状況を示してくれており、私たちは日常的にそれらに再訪しているのだ。十六世紀について言われるようなルネサンス〔＝再生〕は、カロリング朝時代を特徴づける芸術や文芸にも当てはまる。これらは、キリスト教化されたローマの遺産と、「蛮族の」と呼ばれる文化の出会いに起源を持つ。文化の出会いの場として、中世は絶えることなく私たちを驚かせてくれる。

貴族　NOBLESSE

語源から言うと、〔フランス語の「貴族《ノブレス》」(noblesse) の語源であるラテン語の〕nobilis とは、知るに値する人のことである。しかし、中世*においては、そのような者として人に知られており、評判のある人が貴族的《ノーブル》であるとされた。しかるに、中世社会において、人がどのように見えるかで規定される存在だった以上、実際に何が貴族性《ノブレス》を規定したかが問題になる。いくつかの要素をあげる。

①第一に血筋である。貴族であるとは、貴族の子息であり、貴族の家系に所属することだった。共通の氏〔ラテン語 cognomen〕に関わって家系を意識することは、記憶〔ラテン語 memoria〕に基づいて、自分の素性に関する言説を紡ぐ機会となった。墓所は、過去に死んだ人びとの記憶をよみがえらせ、人びとを垂直的な帰属意識のうちに根づかせた。同様に、結婚に関する戦略を巡らせることは、起こりえる不釣り合いな結婚から血統を守ることを目的とし、婚姻という水平的な関係のうちに連帯意識を組み入れることになった。紋章の選択は、婚姻と家系の両方によった。

②生活の様式。貴族とは、そのように見える人のことであった。すなわち貴族的に生きているということである。食事は、しばしば狩猟と一定レベルの財産のおかげで肉食であった。服装は豪奢だった。女性たちは宝石を身につけ、凝った髪型をしていた。貴族だけが毛皮の服、手袋、拍車を身につけていた。十五世紀のブルゴーニュの宮廷では、黒が流行していた。他所では、絹も流行していた。住まいは、大広間と寝室を中心に構成されていた。大広間は、公開された空間であり、貴族の文化が開花した。寝室は私的な空間で、家族文化と生殖が営まれた。言語、文学、文化がつねに宮廷的であったのと同様に、教育も貴族的だった。気晴らしは、貴族にとって本質的な余暇――労働するなどということがあれば、彼らの沽券に関わるというものだ――と結びつくものであったが、狩猟や騎馬槍試合*、戦争、饗宴、祝宴、文学が営まれた。収入は、封土によった。貴族的に生活することができるだけの封土を獲得した封臣のすべてが貴族なのである。最後に、貴族的な振る舞いと感情が、人を貴族にする。気前の良さは、貴族的な振る舞いに特徴的なしるしだ。これみよがしに、贈与、浪費、散財によって金を使うことで、地位にふさわしく振る舞うためにそうするのだ。勲高さと勇気はとくに、とりわけ戦いにおいて、貴族を形容する言葉である。なぜなら、貴族の存在理由とは、三職分のイデオロギーが述べるように、軍務にあるからである。三職分の第二身分が「戦う人」（以下、ラテン語 bellatores）と呼ばれていて、他には「祈る人」（oratores）と「耕す人」（laboratores）があった。中世末期からは、これが貴族が獲得した税金の免除を正当化しただけに、軍務のことが改めて頻繁に言われるようになった。

③最後に名声である。中世最後の数世紀には、「美徳の高貴さ」は血の高貴さにはるかに優るという観念形態が明確になった。〔この種の〕論争は、神学者とモラリストを熱中させた。彼らは言う。真実の高貴さは、道徳であると。十三世紀に『薔薇物語』が「血の高貴さは貴族〔の証〕ではない。心映えを欠いた貴族は価値のある貴族ではない。」と述べたごとくにである。また、十四世紀の『果樹園の夢』〔教会と世俗の権力、とくにローマ教皇とフランス国王の権力についての対話の書〕は「自身の美徳により貴族となった者は、家系によって貴族になった者よりも敬われるべきだ。」と述べている。

カロリング朝の時代になると、君主への奉公は、しばしば貴族により選択されるところとなった。「王国の軍事」〔ラテン語 **militia regni**〕が王の奉仕によってなされることを、教会が自分のために望むようになると、一般信徒でありながら、すでに土地と臣下を抱えていた貴族は、地方のレベルで存在を正当化され、支配集団として認識されるようになった。とくに中世末、伝統的な収入が危機により打撃を受けた際には、貴族は再転換をして君主への奉公に努めるようになった。

公、伯から副伯、領主、城主《シャトラン》、騎士をあいだに挟んで、田舎貴族に至るまで、貴族は個人の総体という以上のものである。これは、社会における彼ら以外の人たちへと与えられたイメージであり、観念形態であって、おおいに受け入れられたようだ。

唯名論 NOMINALISME

唯名論の中心には、類と種が言葉〔以下、ラテン語 voces〕なのか、概念〔conceptus〕なのか、個物

(res)なのかという問題がある。これは、普遍論争と呼ばれる。言い換えれば、観念、すなわち音声言語の存在論的地位は何か、ということだ。ギリシャ哲学の伝統は、存在の三様態、すなわち音声言語論あるいは唯名論、概念論、および実在論によって解答した。ラテン中世*はボエティウス(四八〇～五二五年)により、新たに古代学派の論争を取り上げ[1]、実在論と唯名論を対立させることに集中した。十二世紀にアベラール〔一〇七九～一一四二年〕は、シャンポーのギヨーム〔一〇七〇頃～一一二一年〕(質量的な存在論本体という実在論)とコンピエーニュのロスケリヌス〔一〇五〇～一一二五年頃〕(音声言語論)を攻撃しながら、普遍論争をラテン語の地平に組み入れた。十三世紀にはアルベルトゥス・マグヌス〔一二〇〇頃～八〇年〕が、アンモニオス〔三世紀前のアレクサンドリアの哲学者〕が『エイサゴーゲー』の注解においてすでに素描していた「普遍の三状態」という新プラトン主義の学説を再び取り上げ、この論争をスコラ哲学*の系統的論述のうちに長期的に封印した。普遍は、個物に先立つ(ante rem)か、個物においてある(in re)か、個物の後にある(post rem)。すなわち、普遍は多様性の原因であるか、多様なものにおいてあるか、多様なものの後にあるか、ということである。十四世紀に唯物論に最も極端で完成した形を与えたのはオッカムのウィリアム〔一二八五頃～一三四七/四九年〕であった。彼は、現実を個物のみに認め、普遍あるいは概念を記号の世界に閉じ込める。個物性が存在の土台であり、存在論的な最初にして唯一の所与であるとする。個物の向こうにも、背景にも、こちらにも何もないのである。このようにオッカムはあらゆる形の実在論(アルベルトゥス・マグヌス、トマス・アクィナス〔一二二五頃～七四年〕、ウォルター・バーレー〔一二七五～一三四三年以後〕、ドゥンス・スコトゥス〔一二六五／六六～一三〇八年〕の）を厳しく批判した。唯名論を現実を個物のみに認め、普遍（あるいは概念）を記号の世界に閉じ込める理論と定義することで、オッカムのウィリアムは論争を再燃させ、西洋ラテン語世界の規模で、これに極端な論争的鋭さを与えた。十四、十五世紀の後期実在論は、明らかに反オッカム主義として打ち立てられた（オックスフォードの実在論、ケルンの新アルベルトゥス主義実在論、ジョン・ウィクリフ〔一三二〇頃～八四年。化体説を否定して、死後異端とされた。宗教改革の先駆けと言われる〕の形式主義的実在論、プラハのイェロニーム〔一三七九～一四一六年。ウィクリフとヤン・フスを支持して焚刑に処された〕のチェコ実在論）。思想史のすべてが普遍論争の認識論的地平の痕跡をとどめている。

（1）新プラトン主義哲学者ポルピュリオス（二三四～三〇五年以前）が、アリストテレス『カテゴリー論』の手引きとして著した『エイサゴーゲー』を、ボエティウスがラテン語訳したことが普遍論争のきっかけになった。以下の議論については、中川純男編『哲学の歴史第三巻　神との対話【中世】』中央公論新社（二〇〇八年）所収の永嶋哲也「十二世紀の哲学」と渋谷克美「オッカム」が入門書となる〔訳注〕。

代表的事物の実在を否定して、存在を個物のみに認めるということから、しばしば歴史家により、唯名論は民主的個人主義への導き手、また、そのために進歩主義の学説だと紹介されてきた。〔そうであるならば〕君主権の根拠は人民ということになるだろう。国家*は個人の集合により、多様性のうちに作り出されるのだから。唯名論が、必然的に新しい民主主義的な精神構造、もしくは態度を作り出すものとして理解されている。十四世紀以降、この精神構造と態度が、教皇に対しては公会議*を、君主に対しては三部会を設けさせた。〔しかし〕アラン・ド・リベラが教えてくれるように、「その図式性そのものからいって、この説明は説得的でない。〔中略〕唯名論も、存在論的実在論も、自動的に政治に翻訳されはしない。」

この項目で言及されている文献

A. de Libera, *La philosophie médiévale*, Paris : P.U.F., 1995, p.537

オック語／オイル語　OC/OÏL

ミシェル・スタネスコの表現に従えば、「ペンタコステの奇跡」〔「使徒行伝」二章一～一三節で精霊に満たされた使徒が異語を話し出すというくだりのこと〕を夢見ながら、中世のロマンス語は、学者語／俗語という二分化だけでなく、オック語／オイル語という分化にも直面していた。その延長には方言がある。オック／オイルは、フランスの南部に住むか北部に住むかによって生じる二つの「はい」の言い方である。

フランス語の歴史をたどろうという試みは、時に異議が唱えられることはあるが、つねに言及される歴史区分を受け入れることから始まる。古代後期（後期ラテン語）、後期中世*と前期中世（原フランス語、古フランス語、中期フランス語）というような。ミシェル・バニャールが説明するように、ガリア人は三世紀のあいだにラテン語話者になった。それは、「ロマニア*」と呼ばれる空間での人とものの流通に支えられた文化的、精神的、言語的な自由の中でのことである。これはすなわち、それまではラテン語が、宗教、政治、社会、経済の統合のための言語であったということである。しかし、政治、経済、宗教、文化の構造が変動したことにより俗語が出現した。フランスの場合は、文学において初めて現われた時（十一世紀）からかなりよく統一されていたオック語と、ミシェル・スタネスコに従えば、「言語的分裂」という形態で立ち現われていたオイル語の二分化を伴う。オイル語には、西部方言（ノルマンディー、アングロ・ノルマン）、北東方言（ピカルディー、ワロニア）、東部方言（ロレーヌ、ブルゴーニュ）、中央方言（リヨンのフランコ・プロヴァンス）がある。

理論的にオイル語がどういう構造で、オック語がどういう構造かということは、地理的な対立がそうと思わせるほどに明白ではない。

この項目で言及されている文献

M. Stanesco, « De la confusion des langues au miracle de la Pentacôte », in *Histoire de la France littéraire*, t. 1, *op.cit.*, pp.78-95

M. Banniard, « Le français et la latinité : de l'émergence à l'illustration. Genèse de la langue française（IIIe-Xe siècles）», in *ibid.*, pp.9-35

公職　OFFICE

ラテン語のオフィキウム（officium）に由来するフランス語のオフィス（office）とは職のことである。満たすべき職であり、請け負うべき任務であり、果たすべき業務である。初期中世においては、公的な職のことでも私的な職のことでもあったが、十四世紀になるとこの語は、王と国家*に奉仕するすべての職を指すようになった。恒常的であろうと一時的であろうと、権力の委任を受けて王の名で働く人はすべて公職者（officier）である。行政の中心にあるさまざまな業務（高等法院*、尚書院、会計院、国庫）に従事する人も、バイイの単なる筆耕のような、地方行政に従事する人も、プレヴォ、執達吏、代官、徴税官、書記、検事、メール〔プレヴォの下に位置する役人〕、高等法院の次席検事、公証役人などをあいだにおいて、すべてが王に奉仕していたのである。

公職者には二つの任命のされ方があった。嘆願か指名によるものと、シャルル五世以降の、選挙によるものである。後者は、前者のやりかたの恣意性を制限するためのものである。公職が所持される仕方としては、二つの仕方が用いられていた。お抱えの、あるいは給与制の公職と、請負制の公職（領地収入の徴収）である。規範的言説は、公職者について、能力と専門性に関するイデオロギーを発展させた。彼らはますます訓練されていなくてはならなくなったのである。批評家と、改革派の言葉は、公職者があまりに多すぎることと、その腐敗を厳しく非難した。これは、中世*を貫くステレオタイプな言説である。

口承性　ORALITÉ

中世*の社会は音声の世界である。聴覚により知覚されると、音声はさらにその先に進む。時を示し（一日の時間を示すための鐘の音）、情を示し（暁の歌では、見張り番が日の出を音で知らせて、恋人たちに離れるよう呼びかける）、〔とるべき〕政策を示す（古フランス語の「物音」という語（bruit）は、現代の噂（rumeur）に比較できるもので、権力者のために暴動の兆候を示してくれる）。文学テクストにその痕跡がある。

テーマで言えば、まず第一に地獄の描写、布告をふれ回る役人の声、シャリヴァリ〔共同体における規範に反して結婚をしたカップルに対して、家の前で大騒ぎをする集団儀式のこと〕において。しかし、H・メショニックが注意を促しているように、音声がすなわち口承的だということではない。口承性は文学テクスト中の標識《マーカー》によって聴き取られる。というのも、作品は、その上演のあり方（つまり、口演され、時には演じられることさえあるテクストだった）を証言しているのだから。ここでいう口承性が、中世初期のように現実のものであったにしても、虚構のものであったにしても。

P・ズムトールは、中世文学に潜在する口承性について五つの段階を区別している。①生産、②伝達、③受容、④保存、⑤反復である。しかし、この口承性は、「純粋な口承性」からはほど遠いので、上演という要因《パラメーター》を通して把握する必要がある。最初に作品の「声性」を確立するのは、旅芸人《ジョングルール》、トルバドゥール、トルヴェール〔南仏のトルバドゥールに対して、北仏の抒情詩人をこう呼ぶ〕だ。つまり、口承性を演出するにせよ、あるいは中世末に、これが失われたことを嘆くにせよ、中世文学には、その現実、架空の痕跡がある。主として脱線、装飾、呼びかけ、修辞疑問、指示詞の使用などの交話的機能に訴えながら、中世文学は現実に即して設定した状況下に口承的要素をとり入れることに没頭している。テクストはつねに、参加を促すようなコミュニケーションの場面に根ざしている。

この項目で言及されている文献

H. Meschonnic, *Critique du rythme*, Paris : Verdier, 1982

P. Zumthor, *Introduction à la poésie orale*, Paris : Seuil, 1983, p.32

托鉢修道会　ORDRE MENDIANT

十三世紀の托鉢修道会の創設により、西洋中世史の大きなページの一つが書き込まれた。都市と経済の飛躍、同様に異端*、とくにアルビジョワ派の脅威という文脈の中に誕生した托鉢修道士たちは、修道士の暮らしとは関係のないところで、新たな宗教生活の様式を提案した。事実、彼らの使命の根底には、都市民の接触と、福音的生活への回帰があった。それらは、言葉と模範によって証となることを目指すものであった。彼らは異端に対して、異端が希求することの地平そのものにおいて答えた。それは真に貧困*を生きることであり、俗語で人びとに教育をすることであり、聖フランチェスコがそうであったように、完全に無一文になるまでに禁欲を志向することだった。

十三世紀以降、托鉢修道会の数は四つになった。ドミニコ会[1]、フランチェスコ会[2]、カルメル会[3]、アウグスティノ隠修士会[4]である。彼らの素早く電撃的な成功により、教会はその勢力を再編成しなくてはならなくなった。教皇は、大学*と平行して、権威を再び主張するために彼らを先鋒とした。托鉢修道会は、免属を利用することで司教の支配を免れた。加えて、フランチェスコ会とドミニコ会は托鉢の本質そのものにより、教育、説教、秘蹟に関わる信徒たちへの司牧活動全体、とりわけ告解*を巡って在俗聖職者と争った。このため、中世最後の三世紀の教会では地域的な規模での緊張が多く生じた。

（1）一二一六年、スペイン出身の司祭ドミニコが、南フランスの異端カタリ派殲滅のための説教活動を認められて、教皇ホノリウス三世の許可を得て創設された〔訳注〕。

（2）一二〇九年、アッシジの商人の息子として生まれた聖フランチェスコが「キリストの清貧」の理想を掲げ、教皇インノケンティウス三世の許可を得て創設された〔訳注〕。

（3）十二世紀にパレスティナのカルメル山で、隠者の生活を理想として成立した修道院で、一二二六年と一二二九年に、それぞれ教皇ホノリウス三世とグリゴリウス九世により認可された。十字軍の失敗の後、ドミニコ会の影響を受けて托鉢修道院化した〔訳注〕。

（4）十三世紀にイタリアのトスカーナ地方で聖アウグスティヌスの修道会則に従って隠修士生活をしていた共同体に、一二四三年インノケンティウス四世が認可を与えたことにより成立。後に托鉢修道院化した〔訳注〕。

軍役　OST

〔フランス語の〕オスト（ost）とは、軍事領域、および軍隊と戦争に関わるすべての領域に属することである（〔語源はラテン語の〕hostis、すなわち敵）。この語は、関連しあう数個の現実を指す。①軍隊、②軍事的な遠征、③軍役、④この軍役の代わりとなる税金のことである。

戦争は公的な制度であり、何にもまして重要なことだったので、理論上、債務のない人間、すなわち自由人には王と主君のもとで自費で軍役を行なう義務があった。封建時代になってからは、実際には封臣のみが召し出され、最もつつましい身分の人びとは、装備するための経済的手段がないため軍隊から排除されていた。この場合、軍役は減免されて租税に代えられた。十二世紀では、免除税《エキュアージュ》がそれにあたる。

封建制*が確立するとともに、軍役は、たとえ時間的に（一年に四〇日）、また空間的に限定されており、免除されることもありえたとしても、封臣の主君に対する最初の義務、「封土・封臣的契約の存在理由」（P・ボナシー）として課された。封建制における軍隊は、とくに騎兵隊という姿をとった。なぜなら、この時代の戦士（ラテン語 miles）は、もはや単に兵士ではなく、騎兵、あるいはむしろ騎士*だった。財産は並だが、それでも重装備をすることができる社会・職業集団に属していた。鎧か鎖帷子、鎧の上に顔面を保護するための兜、とねりこの槍（約三メートル）、剣、長い盾を身につけていた。

中世*末、百年戦争の頃には、封土・封臣的関係に金銭が入ってきたことを雇用制《ルトゥニュ》（système de retenue）が説明してくれる。フランスでは雇用状《ルトゥニュ》（lettre de retenue）、イギリスでは契約書《インデンチュア》により、王は、軍務のために隊長と軍人を雇用する。言い換えれば「引き留める《ルトゥニール》（retenir）」のである。軍務の性質と期間と条件と報酬は定められていた。同様に、契約は王の軍隊やイタリアの諸地方における傭兵の発展を促進した。これは、神も法も恐れないという評判であったとしても、実力と能力のある軍隊長に助けを求めるということだった。フランスでは野盗《ルーティエ》、皮はぎ人《エコルシュール》、イタリアではコンドッティエーレと呼ばれる人たちがそれにあたる。軍隊の職業集団化は、シャルル七世の治世に（一四四五年）、神の平和*の時期でも報酬を受ける常備軍の創設につながった。王が軍隊を保持するようになることが決定的となった。

この項目で言及されている文献
P. Bonnassie, *Les cinquante mots clefs de l'histoire médiévale, op. cit.*, p.155

平和　PAIX

中世*は、平和のことばかりを語る。この語は、宗教的、精神的、道徳的、政治的であるを問わず、あらゆる言説の中に溢れている。社会に関与するあらゆる人が、それは自分の理想だと言明した。司教たち、なかでもとくに紀元一〇〇〇年頃に神の平和の先導者になった人たちがそうである。また、教皇はキリスト教徒の共同体の偉大な仲裁者であろうとした。王についてはあらゆる君主鑑*が、平和は君主の第一の義務であると繰り返している。同業者信心会*は慈善の実践の中心に平和の理想を組み入れた。修道士、聖職者、一般信徒を問わず、あらゆる祈る人もそうだった。平和はつねに祈りの中で請い願われたのだから。平和は直接神より発するからである。説教家と牧者もそうだ。彼らは、「平和の接吻」を実行するようにと力説した。作家たちも。かれらは平和を自分の書物の主題にした（ジョルジュ・シャストラン[1]の『平和の書』）。人妻であれ、君主の奥方であれ、寡婦であれ、占い師であれ、偉大な平和推進者だった女性たちも。大学*の学僧、神学者、また、とくにイタリアのコミューンにおける都市の当局も。彼らは、和平（ラテン語　concordia）の理想を主張した。

（1）一四〇五（または一四一五）～七五年。ブルゴーニュ公国のフィリップ善良王とシャルル豪胆公の年代記編纂官。『平和の書』は、一四六八年にシャルル豪胆公とフランス王ルイ十一世のあいだで交わされたペロンヌ条約を主題とする〔訳注〕。

ゆえに、中世において和平を結ぶことには、外交的な振る舞いという以上の意味がある。これは演出なのだ。というのは、王が平和に責任を負う以上、平和は権力を正当化するための中心であり続けるから。王は平和を「唱え」なくてはならない。王は公の空間で平和について語らなくてはならない。その際にとられる判断基準は、君主が平和のために果たすべき役割を、中世における名誉*の価値観に関連づけている。「平和について語ることが、講和の実施の中心要素になっている。」（N・オッフェンシュタット）講和と和解の儀式が、重大な行事と同様に日常生活の節目となっている（指輪の交換、同衾、馬への相乗り、陪食の儀式、平和の接吻、握手など）。結局のところ、平和に暮らすということは、戦争との関わりからよりはむしろ、秩序と和解からなる社会的、道徳的、政治的な状況との関わりから決定されるのだ。

この項目で言及されている文献

N. Offenstadt, *Faire la paix au Moyen Âge*, Paris : Odile Jacob, 2007

教皇庁　PAPAUTÉ

「あなたはペトロ（＝岩）……（ラテン語　Tu es Petrus.）」。教皇の権威は、四世紀以降『マタイによる福音書』一六章一八節を根拠とした。つまり、ローマ教皇の権威の根拠のみならず、ローマ司教（＝ローマ教皇）の他の司教に対する優位性の根拠は、キリストによるということである。この起源を支えとして、教皇は「ペトロの代理者」と名乗り、後に言説が強化されるにつれて、みずから「キリストの代理者」と称するようになった。十三世紀以降、枢機卿によって選出され、教皇庁に囲まれるようになると、聖座の継承と「教皇が住むところ、そこがローマだ（ラテン語 Ubi papa, ibi Roma.）」の格言により、教皇個人が教会*最高の権威を集約することになった。司教たちの筆頭者であり、添え名では「従僕中の従僕」ということになった。地域においてはローマ司教であり、世界においてはキリスト教世界の長である。イタリアの首座司教であり、西洋唯一の総大司教だ。教会ヒエラルキーの頂点にあると同時に、文句なしに現世における実際の国家*の長でもあった。教皇領、またの名を聖ペトロの世襲領のことである。

中世における教皇庁の歴史は、教皇の権威と優位を確立しようとする絶え間ない努力の歴史だった。それは、政体のモデルを通じて権威と正当性を築き上げるという歴史だった。中世*初期においては建設中で、グレゴリウス改革*や教権と帝権の闘争の時代には教条的で、教会大分裂と、それにまつわる公会議での挿話的できごとのあいだは機能しなくなったが、一四四〇年代以降は決定的に勝利した。

政体のモデルとしては、教皇庁が練り上げたモデルよりも前に作られたものはないし、また、比較できるものもない。西洋のあらゆる王国、帝国がこれを手本にした。

高等法院　PARLEMENT

高等法院は、中世*において、王による裁判の最高法廷だった。王による裁判が、同種の裁判に対して（領主裁判所、教区裁判所、バイイ裁判所、セネシャル裁判所、また、シャトレ裁判所〔パリ市の管轄裁判所〕に対してさえも）優位にたつようになったのは、十三世紀、聖王ルイの治下のことである。かくして、高等法院はそれに続く年月のうちに、一般法廷であるだけでなしに、とくに控訴院、すなわち、あらゆる訴えを受理する上級裁判所になった。

「裁きの（en parlement）」王宮は王政庁《クリア・レギス》の分割に由来するが、そこで王は、彼が本質的にそうであるように、偉大な裁き手として裁判を行なった。したがって、高等法院は聖王ルイにより、シテ島の王宮のすぐそばに設置された。続いて、この機関は自立して、王の名においてではあるが、彼のいないところで裁判をする法的決定機関になった。一団の法学者、だんだんと数を増していく高い教育を受けた聖職者たちが、能力と職業意識と専門性を保証しながらその座についた。

調査手続きが発展した関係で、高等法院は三室に分割された。またの名を高等法院の魂と呼ばれた大審議室は、判決を言い渡す。すべてがそこに帰着する。他の室は、ここの仕事を準備することしかしない。申請室は、訴えの受理可能性を検討する。調査室は、予審を行なう。

したがって、F・オトランの言葉によれば、高等法院は「最初の大国家機関」だった。象徴的な数である一〇〇にのぼる成員は、自分たちの役割や職務についての高い観念や、公益への絶対的崇拝の念を培った。彼らは「王国における真の元老院」と名乗った。彼らは献身的で有能な従僕として、とくに裁判権外の職権で、公正性と道徳性の基準を定めることを要求した。王への助言*、王の利権と領土の保護、廷臣の監督と指名、道徳・経済生活の取り締まりと規制、最後に法律の推敲である。ある意味で、パリ高等法院は、王国の良心として思い描かれた。

この項目で言及されている文献

F. Autrand, *Naissance d'un grand corps de l'État*, Paris : Université de Paris I, Panthéon Sorbonne, 1981, pp.265 et 267

小教区　PAROISSE

異論なく、小教区は中世*における宗教生活の基本単位だった。さらに言えば、生活の単位だった。なぜなら、教会*にとって信徒は小教区民としてしか存在しなかったのだから。キリスト教徒としての外面的な義務はすべて、この枠組みの中で果たされなければならなかった。小教区はまた、限定された領域に相当し、境界はさまざまな時代に収税上の理由から定められた。小教区の空間は十字架で区切られていて、広さは地域によって異なる。教会自身と、それを囲む墓所となった前庭《アトリウム》、これに付属する寄進された土地を含んでいる。小教区が地域によく根ざしていることが、よく機能するための基盤になっていた。十三世紀末に、小教区のネットワークが実現し、アンシャン・レジームが終わるまで維持された。つまるところ、小教区とは人びとによる共同体の集合である。①一方に、導く人《レクトゥール》、牧者《パストゥール》と時に呼ばれる主任司祭《キュレ》がいて、魂の世話（ラテン語 cura animarum）を受け持っていた。彼にはさまざまな助手（助任司祭、侍祭、読師、礼拝堂付き司祭など）がいた。主任司祭は、信徒たちによる共同体の精神的責任者であった。たとえ、その不品行や無教養や淫蕩を取り上げるという、しばしば文学的なトポスが存在したにしても。②他方に、信徒による共同体がある。彼らには宗教的義務、とくに一二一五年以降は、告解*と年に一度の聖体拝領、さらに日曜日のミサへの出席の義務があった〔本書「告解」の項における第四回ラテラノ公会議についての記述を参考のこと〕。つまり、小教区は、中世の他の現実と同様に、二つの次元を持っていた。魂の世話という精神的な役割を持つと同時に、領土と税収を内包する地上的なベネフィキウム*（恩貸地）でもあったのだ。

貧困 PAUVRETÉ

中世において貧困とは欠如のことではない。このため、この語が感知させるものは、より広くなると同時に曖昧になる。

なぜなら、貧困とは社会的な状態だったばかりではなく、存在論的な状態だったからだ。貧しいということはすべて、各人に自分が人間であるということ、つまり、人間であるという条件のゆえに脆く、彼にすべてを与えてくれた神に依存する存在であるということを思い出させてくれる。すなわち、中世において貧者とは第一に、食糧、衣服、身体（不具、病気、らい病など）、精神、金銭面の不足により、欠如・欠乏の状況を生きる人のことだった。貧者は、蓄積も蓄財もせずにきた。安心できるところがない。不安定なので、生き延びたり再起するために他人に頼らざるをえない。彼にはまた、社会的支援も連帯もなく、孤独な状況にある。それゆえ、慈善支援事業が増加した。たとえば、施療院、神の館がそれであり、始めは聖職者により、後に中世末になると都市のコミューンや一般信徒によって経営された。「貧しい人びとは、いつもあなたがたと一緒にいる」とは、キリストが言ったことである。中世において、貧困は必要な現実として生きられた。というのも、もし貧者が生きるために富んだ者の施しを必要としていたとすれば、裕福な者はその代わりに、救済の経済学において貧者の存在を必要としていたのだから。貧者が裕福な者たちへの祈りと、彼らの地位にふさわしく貴重なとりなしをしてくれていたからだ。社会的関係が織りなされて財産が循環していたということが、貧困が問題視されていなかったことの説明になっている。

それでも、両義的かどうかと言えば、中世の貧困が両義的でなかったということにはならない。現実の、堪え忍ばれている、物質的で社会的な貧困という否定的価値と、選択された、意思による、精神的で宗教的な貧困という肯定的価値のあいだを揺れていた。へりくだった身振りと福音的な忠告においてキリストの歩みを追うことになるのだから、貧困が清めの行ないであることは明らかだった。托鉢修道士にとっては、定められた誓願によって、それは理想化された地平となった。托鉢修道士にとっては、所有物の完全な放棄と巡回によって。アルビジョワ派やワルド派のような異端にとっては、共同体主義によって。あらゆる性質の反教権主義者にとっては、教会の富を批判することによって。すなわち、貧困はそれだけで、現実主義と理想主義、反感と魅力、神に選ばれているということと呪い、美徳と悪徳、聖化と屈辱、救済と排除のあいだを揺れ動く中世人の表象と体験の複雑さを語っているのだ。

農民　PAYSAN

中世には「農民というもの」は存在しなかった。中世*においては、「〔さまざまな〕農夫たち」が存在したのだった。聖職者でも貴族でもない人たちを「働く人（ラテン語 laboratores）」という用語で画一化する三職分のイデオロギーが何を語ろうと、多様性は統一性に打ち勝っていたのである。経済的に農民の生活様式の特徴が共通していたというのは真実である。吝嗇で慎ましく、しばしば不安定だった。「新奇なこと（古フランス語 noveltés）」やあらゆる新しい習慣に反応する場合の農民の気持ちもまた、共通していた。農民は疑り深く、気難しく、横暴なものから自分を守ることと、習慣を守ることを心がけていた。

しかし、しばしば地理と仕事の類型に関連した違いが存在した。地中海地方とオック地方のブドウ畑と果樹園の農民は、孤立して内向的で、連携を嫌い、どちらかと言うと自由地所有者が多かった。畜産で生活する牧畜民は、流浪の生活を送り、定住する農民とは共通の尺度を持たなかった。十一世紀から十三世紀の大成長期には、貨幣の浸透と関わって、農業共同体の内部に社会階級が姿を現わしだした。階級の下位には、金銭・土地の資産を持たない最貧層がいた。史書は彼らについて、労働力しかないと言いえている。貧農、農具を持たない雇われ農民、日雇い農夫のことだ。その対極には富農がいた。彼らは豊かな農民であり、役畜の所有者であり、法的に農村共同体を代表して領主の高官と示談をした。彼らの中には指導者、村の顔役がいた。ロンバルディアのミリョーリ（農民の中で最良の者たち）や、ドイツのフライエン〔「自由な人たち」の意味〕のことである。

また別の大きな区切りが農民の世界を分割していた。自由人と、不自由人がいたのだ。たとえ貧しくても、自由農民は自分の身体と財産を所有していた。それに対して農奴には、法的な権利も武装の権利もなかった。法的に無能力者であるがゆえに、結婚することも、相続することも、所有することも、僧侶になることもできなかった。主人の持ち物であり、そのなすがままであり、従えられ、自由がなかった。中世に関しては、奴隷状態よりは「希薄化した隷属」（D・バルテルミ）、すなわち、さまざまな様態の豊富な種類の従属があったことが語られている。最も深刻な隷属から、解放によって取り戻される自由まであり、そのあいだには、農業に従事しない隷属、すなわち家人《けにん》〔ミニステリアーレ。国王や諸侯に仕える非自由民だが、職務により社会的には高位な役人のこと〕の隷属があった。また、十三世紀以降に生まれた新たな隷属も。

この項目で言及されている文献
D. Barthélemy, *Nouvelle histoire de la France médiévale : l'ordre seigneurial, XIe-XIIe siècle*, Paris : Seuil, 1990, pp. 140-146

罪　PÉCHÉ

神学の後見人としての聖アウグスティヌス〔三五四～四三〇年〕により、中世*は罪について劇的な概念を引き継ぎ、中世人は自分の罪についての鋭い意識を引き継いだ。罪の強迫観念は、救済への執着、地獄行きへの恐怖を生みだした。これが中世人に関する人類学の中心にあることは明らかであり、その文明、神学、司牧神学、教会論および霊的生活を条件づけた。

洗礼だけが人間を最初のけがれ、すなわち、アダムとイヴの原罪より再生することができ、また、司祭だけが悔悛の秘跡によって、生きているうちに犯した罪を赦免することができた以上、ただ教会*のみが人間と神のとりなしをする機関であることは明らかだった。そこで、あらゆる罪に関する神学が書かれることになった。さまざまな範疇の区別がつけられた。致命的な罪と赦しうる罪、七つの大罪〔「美醜」の項の注釈を参考のこと〕、肉の罪と心の罪、無知による罪と故意の罪など。罪に対する賠償額と贖罪規定が定められた。罪の構成事実と意図とは区別された。ピエール・アベラールにおける意図の道徳により、罪になる行為においては同意が決定的なものとして強調された。

この集団的不安は、罪が劇的に誇張されたことに関わって現われた。だからと言って、ジャン・ドリュモーが好んで言う「恐れの司牧」がそれに対する唯一の解答だったのだろうか？　こんにち、歴史家たちがそうしているように、中世の最後の数世紀に燃え盛った宗教的献身の中に、〔罪の〕意識に対する癒しの実践や、恩寵*と慈悲への信頼を見ることはできないだろうか？　そうすれば、巡礼*も、断食も、慈善も、聖人と聖母への祈りも、贖宥状も、行列も、他の儀式も、罪の意識を鎮めるのに寄与していたということになるだろう。罪は、キリストの贖罪によって効果的に贖われることになっていたのだから。

この項目で言及されている文献

J. Delumeau, *Le péché et la peur, la culpabilisation en Occident XIIIe-XVIIIe siècles*, Paris : Fayard, 1990（J・ドリュモー『罪と恐れ―西洋における罪責意識の歴史／十三世紀から十八世紀』佐野・江花他訳、新評論、二〇〇四年）

巡礼 PÈLERINAGE

キリスト教において人生は救済への遍歴とみなされていたので、巡礼は中世における信仰心の代表的な実践の一つだった。ある場所が聖地、すなわち巡礼の中心となるのは三つの基準によった。神聖な事物（しばしば聖遺物）の存在、多くの信者による奇跡についての証言、多くの信徒が殺到すること。三つの主要な場所がまず重要であった。エルサレムとローマとサンティアゴ・デ・コンポステーラである。とはいえ、他にも大小、新旧さまざまの、また、名声が続いたり続かなかったりの多くの聖域が、大勢の巡礼を引きつけ、地方巡礼を可能にしていた。たとえば、モン・サン・ミッシェル、アッシジ、また、聖人（たとえば、トゥールの聖マルティヌス〔三一五～三九七年。トゥール司教。フランク王国随一の国家聖人として崇拝された〕、カンタベリーのトマス・ベケット[1]）の聖遺物を収めた聖域、マリアに関わる聖域（ロカマドゥール、シャルトル、ル・ピュイ・アン・ヴァレー、モンセラート、アーヘン、ロレート）がある。さらに一般的に言えば、西洋は、崇拝が世に認められていたり、いなかったりの、多くの有名無名の聖域によって覆われていたということになる。

教会法上、巡礼者は聖職者だった。すなわち、祈りをささげる時は、教会の裁判権に属していたのである。その地位が彼の財産と人格を保護していた。貧者と同様に、キリスト教における客人歓待《オスピタリテ》の義務および慈悲の実践の名のもとに迎え入れられた。聖人、聖母、あるいはキリスト自身の墓のそばに、巡礼者は悔悛の祈りを実行するため、身体の治癒や魂の贖宥を懇願するためにやって来るのだった。

（1）一一一八〜七〇年。カンタベリー大司教。王権に対する教会の独立を主張して、国王ヘンリー二世と対立。カンタベリー教会内で暗殺された〔訳注〕。

ペスト　PESTE

ペストは中世*においては、制御不能で野放しな暴力性を持つ、あらゆる型の災いとできごとに対して使われる一般的な用語だった。さらに正確に言えば、この用語は、伝染する性質が人間によるあらゆる制御、とりわけ、あらゆる原因の分析を免れてしまう病気のことを言っていたのである。この時代のどのような医学的知識も伝染の原因を究明することはできなかった。それゆえに、現象は運命論的に認識された。ペストは、神による災禍、神罰とされたのである。

二つの大きな激化が中世の時代に爪痕を残している。六世紀、五二七年頃のユスティニアヌスのペストと呼ばれるものと、一三四七年に現われて、西洋ラテン世界の三分の一を殺しながら十五世紀まで続いた西洋の大黒死病がそれである。流行病の反復は、累積的な効果により、人口に大きく影響した。「ペスト的状況」と呼ばれたもののことである。

人口だけでなく経済と社会に対する影響の大きさに加えて、黒死病、とくに大黒死病は、持続的に人びとを動揺させ、中世最後の二世紀の心理、精神、芸術の状況にその刻印を押した。個々への墓碑のない共同墓穴に対するトラウマということだけではなく、ペストはものごとの自然な順序には考慮しないで人びとに鎌をふるった。老人と同じぐらいに若者が死に、金持ちと同じぐらいに貧しい者が死んだ。普通の人生の進行が転覆させられたことは人びとのトラウマとなった。この時代の芸術作品のテーマ（死の舞踏、横臥像、吊され人のバラード、「死の勝利」）、さらに、苦しむ身体に対する苦痛礼賛《ドロリスム》と、痩せさらばえた身体のリアリズムにより特徴づけられる美的感受性は、このことを表現している。とはいえ、文学はこれを気晴らしへの言い訳としている。ペストはボッカチオ（一三一三〜七五年）の『デカメロン』（一三四九〜五一年）の枠組みとなって、「暇つぶしをする」ために語られる一〇〇話の絵空事《フィクション》を正当化している。

媚薬　PHILTRE AMOUREUX

薬草入りワイン、愛の飲み物、飲み物、ラブドリンク。媚薬は、恋人たちを死に至るまで結びつける不滅の絆である。

アイルランドの王妃により、マルクとイズーのために調合されたが、誤ってトリスタンとイズーによって飲まれることになった媚薬は、社会の規則に逆らって生きる恋人たちの説明不可能な愛情を体現している。トマ版においては、媚薬が作用する期間が明瞭にされていないが、それとは違ってベルール版では、その効果は三、四年だと言及されている。(1) しかし、この期間が終わっても、トリスタンとイズーの愛は消えることがない……。この時に恋人たちは、被った愛から望まれ制御された愛へと成長を遂げるのである。媚薬は、愛の度合いについての問いをひきおこすが、その先で、恋人たちの責任という問題をも提起する。それは絶対的な力を有するがゆえに、トリスタンとイズーの姦通の罪をそそいでくれる。みずからこの愛を望んだわけではない以上、恋人たちには罪がないということになる。その証拠に、神の好意がある。神は、宮廷によって試練が課されるに際して、彼らを助けるではないか……。しかし、この神が恋人たちの共犯者となるという解釈には、歴史上最も破壊的な見地の一つが存在している。

(1) 一一五〇年頃に成立した原トリスタン物語(現存しない)をもとに、一一七〇年頃に流布本系のベルール版と、騎士道物語本系のトマ版が成立したと考えられている〔訳注〕。

多声音楽 POLYPHONIE

多声音楽の最初の例が現われたのは十一世紀のことである。歌や、典礼歌の一部にメロディーラインを一つ継ぎ木することであるが、この接ぎ木がディアフォニア(平行な二声)の形で実現するか、あるいはディスカントゥス(逆方向に進行する二声)の形で実現するかということは問われない。さらに、四声の多声音楽が二声の多声音楽と競合するようになったのは、十二世紀中頃から、パリのノートル・ダム聖堂でのことである。フィリップ・ド・ヴィトリ〔一二九一〜一三六一年〕の『新技法《アルス・ノヴァ》』〔一三二〇年頃〕が書かれ、そこで新たなリズムの記譜法が生みだされた十四世紀には、これが更に複雑なものになった。ギョーム・ド・マショー（一三〇〇頃〜七七年）は、この技法の最も有名な代表者の一人だった。刷新的な側面のために保守的な陣営から非難されて、多声音楽は単旋聖歌と袂を分かち、来るべき作曲のために広い展望を開いた。

煉獄　PURGATOIRE

当初は、彼岸には二つしか場所がなかった。地獄と天国である。他宗教とも共通のこの二項体系においては、死後に罪が浄化される可能性を考える余地はなかった。ところが、十二世紀末に煉獄が誕生して、彼岸の新しい地理における第三の場所になった。スコラ学の議論とシトー会の暗喩の総括としての煉獄の神学は、聖徒の交わり〔本書「信心会」の項目の注を参照のこと〕の教義という裏づけを得た。これ以降、死に、もっと正確に言えば、人生の最後の瞬間に対する新しい姿勢が人心に根づくようになった。同様に、霊的生活についての新たな認識も根づいたが、それは、これまで以上に会計学的〔この世での改悛と敬虔な行為があの世での罰をそれだけ減ずるという考え方のこと〕になった。煉獄は希望の時であるが、このことは、これに関する最大の詩人であるダンテが、彼岸の秘儀伝授的な描写において、例のごとくに強調したことである。彼岸が変化したことから、まるまる一つの典礼と信心が派生した。煉獄信仰は、死者ミサの挙式、遺言状の執筆、贖宥状の慣習、煉獄にいる魂への奉納、信心会*によるとりなしの祈り、施しや慈悲の行為の増加、「煉獄の〔魂のための〕募金鉢」と呼ばれる諸団体の設立といった信仰や慣行の増加に与した。
煉獄とは、とりわけ中間的な場所である。なぜなら、移行、通過、試練――神明裁判風の火の試練――として構想されたのだから。煉獄という中間を考えることは、生者と死者の連帯、および魂と肉体の関係を、これまでとは違ったように考えるということである。というのも、今後は、死と復活のあいだに、また、個人的な裁きと最後の審判とのあいだに一つの現実が存在することになるのだから。以後は、罰の期間は、死者が生前に積んだ功徳と、死者の親戚や友人によりもたらされる教会のとりなし次第であるということになった。ここで問題になっているのは救済というよりはむしろ、裁きである。J・ル・ゴフが書いているように、「神の『裁き』を踏み台に教会の『裁量権』を前面に押し出そうとする」戦闘的な教会は、煉獄にいる霊魂を教会の一員として、これに対する権利を主張したのである。このことは、中世の教会にとって、このような道具〔煉獄のことを指す〕が持っていた力をよく示している。

この項目で言及されている文献
J. Le Goff, *La naissance du purgatoire*, Paris : Gallimard (folio histoire), 1981, p.24（邦訳ジャック・ル・ゴッフ『煉獄の誕生』渡辺香根夫・内田洋訳、法政大学出版局、一九八八年、一八頁）

改革　RÉFORMATION

この語とその概念は、中世における言説の中心にあった。改革（ラテン語 reformatio）は、教会についてのものであれ、国家についてのものであれ、万人が目指し、希求する理論的理想だった。古代における本来の無垢な秩序への回帰を祈願するものだった。過去、しばしば「聖王ルイの時代」のように神話的な過去とつねに関わっていた。つまり現実には、改革という語が衰退に関わる言説の紋切り型として機能していたということだ。実際に、皆がこぞって、必要な改革を強く推奨する際には、機能不全を告発し悪習を批判した。すなわち、国家が腐敗した役人の犠牲になって機能不全をおこしていることへの告発と、以後、役人は選挙によって選ぶべきだという要求。貨幣の改鋳の批判と、通貨を安定させるべしという訴え、不正な課税に対する嘆きなどである。また、教会の悪習も告発された。教会禄制度がその金権体質を露骨にしていること、高位聖職者の素行が模範であるには程遠いことなど。したがって、改革という概念が、政治的および宗教的なあらゆる要求と異議申し立てを引き起こしたということになる。それ自体が、異議申し立ての慣例的行動原理、様式そのものだったということは明らかである。こうして、十四世紀から十五世紀への転期に、シャルル六世治下の内乱と、西欧の教会大分裂のさなか、改革者たちの言説は絶頂に達した。中世人たちは、漸近的に近づくべき理想と具体化した現実が一致することを信じていた。こうして、彼らは制度と権力の定着に向けて絶えず進んでいった。一言で言ってしまおう。中世*において改革するとは、制度を作ることだったのだ。

同時代の人びとのことを笑いものにするということは、中世だけの特徴というわけではない。それは、古代にも現代にも存在することだ。しかし、中世*の風刺は、とりわけ社会的なものだった。類型（騎士*、町人、農民、司祭、女）の反復に依拠していたが、悪徳と美徳がこれらの類型に対応した（女は貞節であるか不貞であるかであり、騎士は勇敢であるか臆病であるかであり、商人は欲深い、など）。とはいえ、風刺は破壊的ではない。規範という概念に基づいた倫理的な言説なのである。そこで、喜劇は表現形式の格下げから生まれ、反教権主義、女性蔑視、流行への非難、政治的、反貴族主義的な風刺において実現した（ダニエル・ポワリオン）。事実、パロディーは概念的に風刺に近い。

諷刺とは反対に、パロディーの活動領域は社会的規範ではなく、そのような価値そのものを伝達する言語にある。笑いは、言語使用域のギャップ、内容と表現のねじれから生ずる。パロディー的記述術により、テクストは他テクストの産物になる。たとえば武勲詩*は『狐物語』[1]に叙事詩の枠組みを与えたが、これは法廷における言語や至純の愛*へも目配せをしていた。パロディーは、モデルを歪めながら同時にその価値を確証するという遊戯である。あらゆるジャンル、あらゆる主題において、アーサー王*物語の題材や詩の形式や武勲詩*、演劇*、レー*を標的にして行なわれた。詩的モデルの軸をこのようにずらすことによって、中世文学は、出発点にモデル*を設けると同時に、それを弄ぶという特徴を持つようになった。間―テクスト性とテクストの可動性の問題を問題意識の中心に据えていたのだ。

（1）一一七四年頃より十三世紀中頃にかけて複数の作者によって創作された、狐ルナールと狼イザングランの紛争を主題とした物語群〔訳注〕。

この項目で言及されている文献

D. Poirion, *Le Roman de la Rose*, Paris : Hatier, 1973, pp.145-173

『薔薇物語』 *ROMAN DE LA ROSE*

一二三〇年頃、ギヨーム・ド・ロリス〔生没年不明〕が八音節四〇〇〇行の未完の『薔薇物語』前編を書いた。一二七〇年頃、ジャン・ド・マン〔一二四〇頃～一三〇五年以前〕が八音節一万七七〇〇行を加筆することによって物語を完結させた。この際、宮廷風の寓意*だったものが、風刺的な百科全書*に変質した。最もよく書き写され、読まれ、引用された中世のテクストとなったが、『薔薇物語』は宮廷風の寓意の集大成であり、議論や論争を引き起こした。神聖化された作品であり、ピエール＝イヴ・バデルに言わせれば、歴史的・社会的な時間を超えた存在である。

プシュコマキア(1)の原理的方法〔寓意的な擬人化の中に、「優しい考え」「歓待」「拒絶」など、感情を指し示すものがあるということ〕に呼応しつつ、『薔薇物語』の文学的語りの枠組み《シェーマ》は、薔薇を摘もうとする若者による探求という枠組みを基本としている。ギヨーム・ド・ロリスにおける薔薇は多義的でありえた〔愛、女、エロス的な意味、神秘的な意味〕が、ジャン・ド・マンにおける薔薇の意味は、明らかである。女性器のことを指している。キリスト教や宮廷作法の教義に明らかに反するジャン・ド・マンの性道徳は、問題を提起して、自然の快楽に基づいた新しい倫理のことを考えるように誘《いざな》っている。作品の成功と広範な伝播（写本が数多くあることがそれを証言している）に続いて、「薔薇物語論争」(2)という文学論争が一四〇〇年頃に起こって、クリスティーヌ・ド・ピザン〔一三六四～一四三〇年〕およびジャン・ジェルソン〔一三六三～一四二九年〕をジャン・ド・モントルイユ〔一三五四頃～一四一八年〕およびコル兄弟〔兄ゴンティエ（一三五二頃～一四一八年）と弟ピエール〕と対決させた。彼らは、ジャン・ド・マンによって書かれた部分における女性蔑視の重大性と、卑猥な語彙の使用を巡って対立した。問題を孕んだ続編により双頭の物語となった『薔薇物語』は、宮廷趣味による探求の枠組《シェーマ》みを歪めて使うという遊戯を代表する作品になっている。

（1）心の葛藤。美徳と罪の葛藤を寓意的に書いた作品のこと。プルデンティウスの作品名に由来する〔訳注〕。
（2）ピザンの『愛の神への書簡詩』（一三九九年）が契機となった。詳しくは、ソーニエ『中世フランス文学』（前掲書）一二八～一三二頁を参照のこと〔訳注〕。

この項目で言及されている文献

P.-Y. Badel, *Le Roman de la Rose au XIVe siècle. Étude de la réception de l'œuvre*, Genève : Droz, 1980

ロマニア　*ROMANIA*

ミシェル・スタネスコは、バベルの塔によって具現されている人間の思い上がりと、人間が地上に分散したことにより、中世の聖職者*にとっては、地上には七二の言語が存在することになっていたことに注意を促した。〔中世においては〕ゲルマン語に加えて、新しい二つの言語が言葉の空間を築いた。オック語*とオイル語である。二つともローマ人の言語から派生した言語（ラテン語 romana lingua）、すなわちロマンス語として聖職者に指し示されていた。「ロマン」（roman）という語は、十六世紀まではまだこの意味で使われていたように、文学作品の形態ではなく、言語を指示していた。さらにこの言語は、知識人の言語であったラテン語との対立において「俗語」（vulgaire、イタリア語では volgare）と呼ばれていた。十三世紀には、〔オイル語は〕おおいに書面へと広がり、十四世紀には法律文書のラテン語に、十五世紀からは南仏の公的文書のオック語にとって代わった（オイル語がオック語にとって代わったのは、もちろん、政治的な理由、つまり、アルビジョワ十字軍〔一二〇九～二九年〕とその影響からである）。

ミシェル・バニャールによると、この言語の発展と統一は多くの理由に起因している。すなわち、空間（商業、戦争）が拡大する中で、社会的紐帯が断片化するのを避けたいという意思が働いたこと。また、聞き手による観念的共同体が言語的規範を普及させて、これに書き言葉の地位を与えたこと。つまり、社会的記憶は俗語によって俗人のために形成されたということだ。共同体の感情は、文学的コミュニケーションを築き上げるべき場所と、言語の個別性を乗り越えるべき場所とを、書くこと*に探し当てた。古代*のテクストが翻訳されて俗語作品化したり、翻案されたりしたことには、文学的題材の構築という性格がある。ダンテにとっては、文法言語（ラテン語とギリシャ語）を文法のない言語（諸俗語）と区別する必要があった。この基本的区分は、軽蔑的であるというのにはほど遠く、ロマニア〔ロマンス語が話される地域〕のただ中で、これらの俗語について考察するようにと誘うものだ。ラテン語は死語となったが、長らくヨーロッパの大部分で話され、またとくに書かれてきて、現在のポルトガル語、オック語、カスティリア語、カタロニア語、フランス語、ルーマニア語、イタリア語の基礎となった。五世紀に渡る変動のおかげで、話者たちは、領域のみならず言語も再構成することにより、ラテン語を俗語に変身させることができた。ラテン語がその機能を持つことを脅かされるようになったのは、ローマの集権力の消滅によるが、さらに正確に言えば、それは五世紀における西ローマ帝国*の崩壊による。事実、ミシェル・バニャールの説明によると、諸地域の自立が北と南の分断を進めたことと、ラテン語による宗教教育が衰えたことにより、ラテン語はもはや均質なコミュニケーション言語ではなくなったのである。

八世紀には、言語学者が「原フランス語」と呼ぶものが現われた。新しい言語に変身したラテン語であり、ラテン語とは異なるが、ラテン語から発生した言語である。われわれには、この言語については少ししか証言が伝わっていない。たとえば、他の箇所はラテン語で書かれたテクストに含まれている「ストラスブールの宣誓」(八四二年)である。古典文化への回帰を夢見た「カロリング・ルネサンス」があったにもかかわらず、ラテン語の権勢は脅かされていた。八一三年、教会*の公的な勧告は、司祭たちに、信者たちとの意思疎通(とくにミサ中の)を確実にするため、「農民の話す」ロマンス語で話すように命じている。カロリング朝の中央集権が消滅して、封建制*が発展すると、ライン川の西側ではロマンス語が現われ、東側ではゲルマン語が現われた。話者たちは、徐々にラテン語から遠ざかっていった。戦士や騎士といった新しい社会階級が登場したことに刺激されて、民衆の言語は写本の伝承において徐々に市民権を獲得した。これにより、ラテン語（国家*と教会に特有の、威厳のある言語）と距離をとること、キリスト教の秩序とは別に、新しい権力者である騎士や、その文化について語ることが可能になった。

この項目で言及されている文献

M. Stanesco, « De la confusion des langues au miracle de la Pentacôte », in *Histoire de la France littéraire*, t. 1, *op.cit.*, pp.78-95

M. Banniard, « Le français et la latinité : de l'émergence à l'illustration. Genèse de la langue française（IIIe-Xe siècles）», in *ibid.*, pp.9-35

スコラ学　SCOLASTIQUE

スコラ学とは学校における言語活動のことである。十二〜十三世紀から中世*末、さらにその先までの中世的な教育と推論の様式である。スコラ学とは、方法という以上に、思想の権威が言っていることに基づいて真実を探求しようという思考展開のことだ。権威《アウクトーリターテース》（ラテン語　auctoritates）のうちで最も頻繁に引き合いに出されたのは、聖書*、聖アウグスティヌス、聖ヒエロニムス、聖グレゴリウス、アリストテレスである。つまり、ある言明、問題について論じて、異なる解決に至った著述家たちの見解を照合しながら、それらの言明、問題の解明の道を歩むということである。したがって、中世の思想家は、矛盾を解決し調和させるために、偉大な権威のあいだに存在する矛盾に焦点をあてることを恐れなかった。

このため、スコラ学は根本的にテクストに依拠することになる。注釈の類いは、この学問の最も示唆に富む練習課題である。〔中世の大学の〕教養学部においてアリストテレスのすべての著作が、テクストの流れに沿った注釈（速読）、あるいはおもに問答（ラテン語 quaestiones）からなる注釈という形式で注解されたのは、このためである。聖書とペトルス・ロンバルドゥスの『命題集』（十二世紀）は、神学部において徹底的な注釈の対象となった。注釈の中で、問答は、「然りと否」（ラテン語 Sic et Non）の原則に則って、権威のあいだに矛盾が存在することから生まれる難題を探求しつつ、真実を明らかにしようとした。つまり、真実に到達することは、権威を「危機に陥れること」であると認識されていたということになる。同様に、大学*における第一の練習問題は、ずっと討論（ラテン語 disputatio）であり続けた。これは、反論者（ラテン語 oponens）と応答者（ラテン語 respondens）のあいだでなされる口頭、公開の議論であり、最後には教師によって判定が下された。方法は、対話的かつ闘争的だった。争論術がスコラ学の基礎となったことは、否定しがたい。

領主制 SEIGNEURIE

農村あるいは都市の領主制とは、中世*において農民を統制するための慣習的形態のことだった。便宜的に「土地領主制」（土地の支配）、「バン領主制」（人の支配）と名づけられた形態に分類されるが、どちらも、現実にそれそのものとして存在したことはない。これらは、操作概念なのである。土地領主制は、カロリング朝の領地システムである大所領（ラテン語 villa）が解体したことにより生じた。領主の所領である領主保留地《レゼルヴ》と、農民が経営する〔農民保有地である〕マンス（manse）あるいはトゥニュール（tenure）の二分構造になっていた。領主は、間接的農業経営として、農民からの賦課租《ルドゥヴァンス》（貢祖《サンス》、物納地代《シャンパール》〔「分益小作料」とも訳される〕、および賦役《コルヴェ》）から収入を得ていた。[1] また、直接的農業経営として、穀物を育てために最善の土地（北部ではクチュール（coûture）といい、南部ではコンダミーヌ（condamine）という）を含んでいる自分の保留地の経営からも収入を得た。

（1）以上の説明に加えて、制度の地域差と歴史的展開についての概観を得るためには、A・ジェラール『ヨーロッパ中世社会史事典』池田健二訳、藤原書店、一九九一年の「貢租（貢租地）」、「賦課租」、「マンス」、「領主制」の項目を参照のこと。現物や現金での賦課租に加えて賦役や個人的従属がのしかかっていたマンスは、次第に細分化したことから、また、北ヨーロッパでは十一世紀以降、開墾地に労働力をひきつける必要が生じたことから次第に姿を消し、現物や現金での貢租（サンス）とひきかえに農民に譲渡される貢租地（サンシヴ）にとって代わられた〔訳注〕。

上地領主制が、農村の変化から生じたのに対して、バン領主制は、紀元一〇〇〇年頃（九八〇～一一六〇年）の革命とは言えないまでも、少なくとも危機と言えるものから生まれた。「バン領主制」という表現は、歴史家たちによって作りあげられたもの（G・デュビー）だが、公権力であるバン（ラテン語 bannum、命令権のこと）が、中央権力の解体に続いて、城主《シャトラン》により横取りされたことを言っている。伯によって指名されたかつての廷臣が、私的な目的のために、もともとは公的なものであったことに誰も異論をはさまない職務（バン）を行使したのだ。バンの権利は、人に対して行使されて、これを従属させ、自由を束縛した。これには、たくさんの権利が含まれていた。軍事的な特権（軍役*、監視、徴用）、司法的な特権（プレ（plaid）、アシーズ（assise）、クール（cour）と呼ばれる裁判）、財務的な特権（タイユ税、罰金、商業税、領主によって建設されたパン焼き釜、水車、ブドウ圧搾機のようなインフラ施設の使用に関わる強制使用料《バナリテ》からもたらされる税）のことである。この私的な目的での権力の簒奪は、また「不当徴収《エグザクシオン》」や「悪い習慣」を伴った。領主は、しばしば力づくで、強制的で恣意的な慣行を押しつけた。タイユ税（割合を定めずに、領主が農民に対して行なう恣意的な徴収）、賦役《コルヴェ》（堀の浚渫《しゅんせつ》、*城の保守など）、宿泊権（領主とその一団の一時的な滞在）である。

バン領主制は、自由を束縛する相手を保護し、「恐怖政治を行なう」相手を防衛した（P・ボナシー）だけでなく、中央権力崩壊の時代であったのに、権力の集中により人びとを間近に掌握したという意味で、二重の逆説を実現している。

この項目で言及されている文献

G. Duby, *La société aux XIe et XIIe siècles dans la région mâconnaise*, Paris : Éditions de l'École des Hautes Études en Sciences Sociales, 1953（thèse de doctorat d'État）. Id., *Qu'est-ce que la société féodale*, Paris : Flammarion, 2002 などに再録。この版のたとえば pp.208-228 を参照。）

P. Bonnassie, *La Catalogne du milieu du Xe siècle à la fin du XIe siècle. Croissance et mutations d'une société*, 2 vols., Toulouse : Presses universitaires Mirail, 1975-1976, pp.576-610, 809-828

夢、幻視　SONGE, VISION

マクロビウスが中世*を通して最も流布された夢の類型論を打ち立てたのは、『「スキピオ王の夢」注釈』においてのことである。予見的な夢〔意味を読み取ることが必要な〕夢《ソムニウム》（以下、ラテン語 somnium）、〔夢に見たことがそのまま現実に起こる〕予見《ウィーシオー》（visio）、〔神などによる〕お告げ《オーラークルム》（oraculum）に、〔目覚めると同時に消えてしまう〕夢幻《インソムニウム》（insomnium）（心的要因による重苦しい心配事からもたらされるもの）、幻像《ウィースム》（visum）（覚醒と睡眠の中間的な状態からもたらされるもの）が付け加えられる。後の二つはともに、精神生理に起因している。白昼夢に近い幻像《ウィースム》は、とりわけ詩的な主題である。たとえば、トルバドゥール*のギエム・デ・ペイチュー〔＝アキテーヌ公ギヨーム九世、一〇七一〜一一二七年〕はこれをエロティックな夢想の類いを描くために用いて発展させた。

　このようにして、俗語での詩作が始まって以来、その歴史的境界〔＝中世文学の終わり〕に至るまで、すなわち、ギヨーム九世からシャルル・ドルレアン[1]や『神曲』のダンテに至るまで、夢は詩的着想の源泉であった。物語に枠組みを与えたり（『薔薇物語』*）、主人公に来るべき冒険を知らせたりする。中世文学における夢は、教訓的なものか、空想的なものか、詩的なものかを問わず、物語の中に登場すれば、物語内の物語という性質を帯び、夢というフィクションは解釈を促す。「夢（songe）」―「嘘（mensonge）」という韻が常套表現《トポス》になっているのも、夢が提示する現実との関係がいつも要求してくるということだし、真実とフィクションの関係はいまいちどの検討を要求してくるということなのだから。カルドロン・デ・ラ・バルカ(2)が一六三五年に書いたように、「人生は夢」である以上、人生は、物語やイメージの「私」に立ち帰ることと同時に、夢の「私」に立ち帰ることを要求してくる。

（1）一三九四～一四六五年。オルレアン公。ジャン無畏公に暗殺された父ルイの報復を図って、反ブルゴーニュのアルマニャック派の首領となる。シャルル五世の孫で、ルイ十二世の父。バラード、シャンソン、哀悼歌、キャロル、ロンドーの五詩型、六五六編におよぶ叙情詩を残した。アザンクールの戦いに破れ、イギリスに捕らわれた際に書いた『獄屋の歌』など〔訳注〕。

（2）一六〇〇～八一年。十七世紀スペイン・バロック演劇を代表する劇作家、詩人。「人生は夢」は、代表劇の題名〔訳注〕。

阿呆劇《ソティ》、塡め込み詩《ファトラジー》　SOTTIE, FATRASIE

阿呆劇《ソティ》と塡め込み詩《ファトラジー》(1)は、演劇あるいは詩の形態の「ナンセンス」文学であり、中世文学とあまりに広く結びつけられている叙事詩やアーサー王*の想像世界とは隔絶している。

（1）等音節でaabaabbabab という脚韻の一一行を基本単位として展開される詩。ピエール＝イヴ・バデル『フランス中世の文学生活』原野昇訳、白水社、一九九三年、二六八頁に紹介されている〔訳注〕。

滑稽ものの阿呆劇《ソティ》は、道化たちによって演じられた。彼らは、黄色と緑、ろばの耳、鈴、道化杖といった型にはまった衣装によって特徴づけられる。阿呆劇《ソティ》は、本質的に視覚的で人に伝わりやすい演劇*という性質を持っており（肉体的な動作、軽業、寓意、卑近な話題）、言論の自由を保証するために狂気の仮面を使った。政治批判することとさえありえた。実際に、いくつかの作品は非難されることになり、それ以来、このジャンルの作品は、さらに暗号化されることを望むようになるだろう。以上は、ポール・ヴェリュイクが説明する通りである。阿呆劇《ソティ》の起源を説明するにあたっては、愚者の祭り説を唱える研究者もいる。これは、聖誕祭から公現の祝日〔＝一月六日〕までの一連のお祭り（一二日の周期）のことであり、冬の逆さまの世界を象徴する。そこでは、パロディー的なミサや、滑稽説教《セルモン・ジョワイユー》、道化者の司教において、自由に狂気を表現することができた。謝肉祭の特徴であり、おそらく古代のサトゥルヌスの祭りに起源を持つこのような逆さまの世界の中で、〔祝祭的な〕行為が許容されうるようになる。とはいえ、このような行為は逆説的に抑圧的だった。というのも、実は、一年間の残りの時間において倫理的・宗教的空間を統制するように仕向けられていたのだから。塡め込み詩《ファトラジー》は、しばしば等音節の一一詩行で構成され、その最初と最後の詩行は、前置された二行詩によって提示されるが、とっぴさとナンセンスの効果に戯れるものであった。一一行詩（中世において狂人を意味する数）であり、そこでは、主語、動詞、補語をありえない形で結びつけることにより、ナンセンスの効果が得られる。主語は、動詞が表わす行為をしえず、また、補語は、動詞によって被制されえない（ジャン・デュフルネ）。塡め込み詩《ファトラジー》は、文学の伝統が「不条理の詩」と呼ぶものに入っている。一三行塡め込み詩《ファトラ》（一三行詩）、妄想詩《レヴリー》（resverie）（夢についての詩(1)〔以下、定訳のない用語については、原綴を併記する〕）、脱線詩《トラヴェルス》(2)（traverse）、なぞかけ詩《ドゥヴィナイユ》（devinaille）（論理的な答えのないなぞかけ）、軽薄詩《バグノド》（baguenaude）〔詩行の音節数のみ一致して、韻も脈絡もなしに展開される詩〕、意味なしパロディー詩《アンフィグリ》(3)（amphigouri）、リックラック（ricqueracque）〔六音節または七音節の交差韻の詩〕、書簡体ちぐはぐ詩《コカラーヌ》(4)（coq-à-l'âne）、戯れ歌《ソット・シャンソン》（sotte chanson）〔時代に応じて意味は変わるが、十三世紀においては恋歌のパロディーを指す〕といったものに隣接して、塡め込み詩《ファトラジー》は、不作法と形式的完全の追求の周辺において、叙情における反―理想を示した。

(1)主題は問題ではなく、七音節のa韻と四音節のb韻からなる二行連句を、意味のつながりなく、7a4b／7b4c／7c4dというように積み重ねて作る詩の形式のことである〔訳注〕。
(2)妄想詩と同様に、互いに意味的関連のない二行連句が8a4b／8b4c／8c4dというように展開される詩の形式〔訳注〕。
(3)もじろうとする詩の韻を借りてわけの分からない言説を展開する詩のこと。この語のフランス語での初出は、一七三八年だが、遡ってその祖型となった作品のこともこう呼ぶ〔訳注〕。
(4)フランス語 sauter du coq à l'âne「鶏からロバへ飛躍する」は、十四世紀以降、論理の飛躍を表現するのに使用されてきた。一五三二年にクレマン・マロはこの表現を含む、話しの一貫性を欠き、度を超して奇抜な書簡体作品(Espitre du Coq en Asne)をものした。そこから、このような作品を、このように呼ぶことになった〔訳注〕。

この項目で言及されている文献

P. Verhuyck, « Fatras et sottie », Fifteenth-Century Studies, 18 (1991), pp.285-299
J. Dufournet et Cl. Lachet, *Littérature française du Moyen âge*, Paris : Garnier-Flammarion, 2003, t.2, pp.449-457

タペストリー　TAPISSERIE

中世のタペストリーの至宝たるパリ国立中世博物館の「一角獣を連れた貴婦人」は、夢幻的な題名を空想上の動物からとってきている。この有名なタペストリーに登場する動物寓意譚《ベスティエール》の動物が有名なのは、その雑種性によるだけではなく、その象徴性にもよっている。一角獣あるいは「ユニコーン」は、額に唯一の角と馬の体を持っている。

象を攻撃する勇気を持つ唯一の動物という一角獣は、怪物としてと同時に、キリスト教的な寓意*でもありえるものとして描かれている。一角獣は若い乙女に出会うと、その胸に眠ることを好む。狩人たちが、角を奪うためにこれを殺すことができるのはこの時である。角は、薬用の、さらには催淫の効果があるという評判があったからだが、付言すれば、角を持つ水生哺乳生物のイッカクがこの評判の犠牲になった。一角獣は、頻繁に叙情詩のみならず細密画、象牙細工、とくにタペストリーに登場した。

中世末の織物芸術を象徴するタペストリー「一角獣を連れた貴婦人」は、絶えず問題を提起し続けてきた。五つの場面が全体を構成している。現在では、これらの場面が五感を表現していることが認められている。視覚は、奥方*が差し出す鏡に移る自分の像を凝視する一角獣によって象徴されている。聴覚は、小型パイプオルガンを持った若い女性による。味覚は、女主人に杯を差し出す女中のしぐさと、果物を食べようとする猿、続いて大食のしるしを見せるライオンによる。嗅覚は、花飾りを編む奥方*による。彼女が象徴するものは、花の匂いを嗅ぐ猿の表情によって強調されている。触覚は、一角獣の角に軽く触れる奥方の手による。最後のタペストリーだけが、「わがただ一つの望みに」という銘を持っていて、一種哲学的な結論になっている。奥方は、女中が差し出す化粧小箱から宝石を選ばないようである。また、他の五つのタペストリーでは身につけていた首飾りは、〔感覚世界がもたらす情念の〕放棄のしるしとして外しているようである。そのようにして、奥方が知性に目覚めようとしているのだという解釈もある。

「一角獣を連れた貴婦人」は難解なタペストリーだが、タペストリーが十五世紀末の細密芸術において重要だったことを思い出させてくれる。実際に、当時頭角を現わしつつあった市民階級は、貴族*

や聖職者と同じように、住居を装飾し、暖めるために高価な作品を注文した。北ヨーロッパ、とくにフランドルやブリュッセルといった羊毛の商品化の中心地は、当時この繊維芸術の生産の砦となった。とはいえ、タペストリーの流行は新しいことではなく、刺繍と共存するものであった。

「タペストリー」とは呼ばれてはいるが、有名な「バイユーのタペストリー」(この町に保存されているので)と呼ばれているものは、刺繍である。さまざまに色づけをした羊毛によって図柄が作り上げられるタペストリーとは異なって、刺繍は、サイズがもっと小さく、地となる模様入りの生地の上での針仕事によるものである。「驚くべき中世の漫画」のバイユーのタペストリーは、約七〇メートルあり、約六〇の場面にノルマン人によるイングランドの征服と、それに先立つ状況を物語っている。二人の王位要求者、すなわち、ノルマンディーのギョームと、〔彼をイングランド王と認めるという〕誓いを破ったイングランドの伯であるサクソン人ハロルドが、エドワードのイギリス王位を継承するために一〇六六年に衝突した。刺繍は、ハロルドの死のくだりのところで引き裂かれて、突然に中断する。それと同時に、西洋中世の歴史の中で並ぶものがないこの作品は、問いを引き起こさないではおかない。誰のためにタペストリーは描かれたのか？　出資者は誰なのか？　なぜ制作されたのか？　クロスステッチは、秘密のすべてを打ち明けてはくれない。

世俗劇・宗教劇　THÉÂTRE PROFANE/THÉÂTRE RELIGIEUX

中世*演劇とは何か？　この時代について、演劇を語ることはできるのか？「演劇」という語は、語源から言って「人が見る場所」を意味するが、中世においては、上演専門に割り当てられた場所は存在しない。したがって、厳密な意味では演劇は存在しないということになる。そうなると、この演劇の定義は不確かなもののように見えてくる。テクストとスペクタクルとを併せ持つ混合芸術であるが、J・クープマンスが指摘するように、中世演劇には、私たちに保存されているテクストからしかアクセスすることができない。スペクタクルや上演条件（上演の場所、観客、しぐさ、パントマイム、声の効果、演出、演劇空間における位置取り、衣装、アクセサリー、音楽、トリック、舞台背景のカーテン、祝祭的な枠組み）からはアクセスできないのである。このような昔の演劇について何が言えるだろうか？

演劇は一般的に言って、また、この語の最も広い意味において、普遍的に宗教的な出自を持っているように思われる。それゆえ、最初の演劇は典礼から生じて、歌われ、韻文で作られた。世俗劇は、これに代わるもの、このようなテーマ体系から自由になるための可能性であったようだが、そうとはいえ、そのようなテーマ体系を排除するわけではなかった。現存する作品に見られる上演場所は、教会*から教会の前庭に、さらに市場の広場へと移動することになった。十二〜十三世紀には、新しい形態、とくに、都市の演劇と形容されるものが実験的に練り上げられた。しかし、本当に多様な演劇が花開くことになるのは、十四〜十五世紀のことだった。そのおかげで世俗劇と宗教劇のあいだに打ち立てられていた伝統的な区分が乗り越えられることになった。とはいえ、中世における演劇の発展は、見かけほどには単純ではない。というのも、宗教劇と世俗劇、教会とその前庭、十二〜十三世紀と十四〜十五世紀を対立させて考えるどころではなくて、中世における演劇は、このような近代的な二分法とは無縁でいたからだ。十世紀中葉に宗教儀式の演劇表現について初めて語った『聖墓訪問』（*Visitatio sepulchri*）から、一二七六年に成立し、批評家によって初めて世俗的と形容された劇であるアダン・ド・ラ・アールの有名な『葉陰の劇』に至るまで、中世演劇は上演を重んじて、分類することを避けてきた。十五世紀には大いに発展した演劇の分野である聖史劇の形をとるようになったが、中世の演劇は、ここでもまた一なる演劇だったのだ。

この項目で言及されている文献

J. Koopmans, « Contre-textes et contre-sociétés », in *Texte et contre-texte pour la période pré-moderne*, dir. Nelly Labère, Bordeaux : Ausoinus, 2013, p. 53-61 ; E. Doudet et J. Koopmans, « L'obscénité dans les arts dramatiques d'expression française（1450-1550）», in *Obscène Moyen Âge ?*, dir. Nelly Labère, Paris : Champion,（à paraître).

神権政治　THÉOCRATIE

中世において神権政治は、原理であって事実ではなかった。これがアウグスティヌス主義が変化したもののうちの一つであることは明瞭である。国家*にアリストテレス思想が浸透する以前、政治イデオロギーが関わるところでは、中世人が理解したところの政治的アウグスティヌス主義が支配的だった。それは、自然の秩序の超自然的な秩序への吸収、すなわち、天の国に地上の国を吸収することを前提とした。偉大な教会法学者たちが、教皇イデオロギーのために神権政治イデオロギーを練り上げたのは十三世紀のことだった。彼らは、霊的権力の地上の権力に対する優位性の観念に基づいて、教皇の優位性を築き上げた。これが、〔教皇が世俗の権力と聖なる権力を持つという〕二振りの剣の理論と呼ばれるものである。教皇は全権〔ラテン語 plenitudo potestatis〕、すなわちあらゆる権力の根拠を与えられているがゆえに、この世の君主たちに対する優越性を主張した。君主たちは彼に服従しなくてはならないのである。これらのことは、原則であって、事実ではない。

インノケンティウス三世〔在位一一九八〜一二一六年〕からボニファティウス八世〔在位一二三五〜一三〇三年〕に至るまで、十三世紀のあらゆる偉大な教皇は、ローマ法を熟知した教会法学者*だったが、教皇権を集権化し主張するための道具として神権政治イデオロギーを用いた。欠くべからざる背景として、世俗権力との闘争があった。当初は皇帝権――グレゴリウス七世〔在位一〇七三〜八五年〕対ハインリヒ四世〔神聖ローマ帝国皇帝、在位一〇五六〜一一〇六年〕、次に、インノケンティウス三世およびインノケンティウス四世〔在位一二四三〜五四年〕対フリードリヒ二世〔神聖ローマ帝国皇帝、在位一二二〇〜五〇年〕の闘い――が問題になり、続いては、王権――ボニファティウス八世〔在位一二九四〜一三〇三年〕とフィリップ四世端麗王〔フランス王、在位一二八五〜一三一四年〕の逸話〔一三〇二年のアナーニ事件で教皇が王に襲撃されるに至る対立のこと〕――が問題になった。しかし、十四世紀の入口において、ボニファティウス八世が神権政治理論を激しい統一イデオロギー、理論的厳格性へと向かわせ、最後の砦にまで駆り立てた。それは、この理論の実質的な敗北、終焉の印だったのである。霊的権威があらゆる世俗権力の上に立つというだけではなく、キリストが神であり王であるという事実の結果として、世俗権力自体も教皇に属するとしたのだった。〔グレゴリウス七世による〕「教皇教書」(Dictatus Papae)(一〇七五年)から始まり、ボニファティウス八世による勅書「唯一にして聖なるもの《ウーナム・サンクタム》」(Unam Sanctam)(一三〇二年)に至るまで、キリスト教西欧世界において神権政治は、究極の権力を争うという絶望的な試みであろうとした。

騎馬槍試合　TOURNOI

騎馬槍試合は、この上なく中世的な儀式だが、貴族階級および社会的諸関係の表象となっている。十一世紀に現われた騎馬槍試合は、第二子以下の子弟、あるいは若者(ラテン語 juvenes)、すなわち、騎士に叙任されているが封土を与えられておらず、結婚もしていない騎士たち、「封建的な攻撃性が最も際立つ構成員」(G・デュビー)が行なうことだった。この騒々しい若者たちにとって、騎馬槍試合とは、成熟に向かっての通過儀礼であり、権力を握るための練習だった。

騎馬槍試合は、文句なく、貴族階級が好んだ娯楽だった。催しは、なにもない平地の、柵に囲まれた広場で行なわれた。騎士達はもとより、伝令官、宮廷楽人、盾持ち、また、貴婦人、大領主、君主など、多くの者が集まった。二つの軍勢が、槍で武装した馬上の戦士たちによって編成された。敵を落馬させ、捕らえて身代金を要求しようというのだ。騎馬槍試合とは、武勲に近い、男と男の闘いによって生み出される正々堂々のパフォーマンスのことだった。また、それと全く同時に、名を上げることを可能にしてくれる手柄のことだった。未来の庇護者や、また、よき結婚ということを念頭にしてのことだが、奥方*に強い印象を与えてくれるものだった。さらにつまるところ、身代金による収入源のことでもあるのだった。

訓練は、極端に暴力的なものであり、しばしば死を招くこともあった。また、十字軍と同様に暴力のはけ口であった。そのため、教会は騎馬槍試合を「あの忌むべき大騒ぎ」として非難した。このことはつまり、現実には、騎馬槍試合はキリスト教道徳と二者択一の項目をなす騎士道的道徳に属するものだったということである。この道徳には、武勇、示威、勇気、英雄的行為という価値観があり、「世界最良の騎士」と呼ばれて無双の騎馬槍試合の戦い手だったウィリアム・マーシャル（一一四五〜一二一九年）は、その模範であった。

この項目で言及されている文献

G. Duby, « Au XIIe siècle, les ‘jeunes’ dans la société aristocratique », *Annales, économies, sociétés, civilisations*, 19（1964）, pp. 835-846 ; Id., *Hommes et structures du Moyen Âge*. Paris et La Haye : Mouton, 1973, p. 214.

「移し替え《トランスラーティオー》」 TRANSLATION

〔ラテン語で〕トランスラーティオー（translatio）、〔フランス語で〕トランスラシオン（translation）と言われるものは、とくにルネサンスが好んだものだが、現代ではこれに相当するものは存在しないと言っていい。翻訳、隠喩、移転、移植、変質、昇華、恍惚。中世*から十七世紀の入口まで大変に多くなされた「移し替え」の実践を検証すれば、テクストの翻訳が甚だしく多様であることのみならず、文学的、哲学的、宗教的な、すべて運動、関係づけ、移動を含意する手続きが多様であることが明らかになる。クレティアン・ド・トロワ（の『クリジェス』の冒頭）によって理論化され説明されたこの「移し替え」《トランスラーティオー》は、単に想像上のもの、象徴的なものであるだけではなく、実用的なものでもあった。こんにちの文学においては分離された領域（翻訳、パラフレーズ、韻文化など）に相当するものであり、現代のジャンルの区分とは無縁だが、中世においては同じ手続き、同じ欲求によるものだった。すなわち、「政治権力および文明の移転」（ラテン語 translatio imperii et studii）（権力と学問がギリシャからローマ、そしてフランスに移転してきたという考え方）の中でテクストを自家薬籠のものとし、同時代の問題にしようという欲求である。この移転において問題になったのは、知識の同化と、また、文化的・政治的な正当性の獲得である。世俗的であるか宗教的であるかを問わず、翻訳は、必然的な有用性により正当化されれば、過去のテクストを変形し、ある場合には紛れもない「変質」を及ぼすことさえあった。テオドリック大王（東ゴート王、在位四七一～五二六年）の執政官であったボエティウス（四八〇～五二四年）は、不興を買って投獄された。その韻文まじりの散文テクスト『哲学の慰め』（*De Consolatione Philosophiae*）において、彼は（擬人化された）哲学夫人に慰められているが、このテクストは、古フランス語への壮大な翻訳活動の対象となって、慰めの哲学的な期待の地平に位置づけられることになった。しかし、翻訳と、とりわけ翻訳家が飛躍を遂げたのは、とくに十四、十五世紀のことである。これらの学術的翻訳は、前―人文主義（もっと正確に言えば、第一、第二人文主義）の風土において開花したということになる。

この風土は、十四世紀には、シャルル五世、シャルル六世の宮廷とブルゴーニュの宮廷において、その成長に敏感でいてくれる中心地を見いだし、同時代のフィレンツェ人であるボッカチオやポッジョをも翻訳するに至った。古代や同時代のテクストを学術的に翻訳しようという運動は、また、聖書*の翻訳をも伴うことになった。これもまた別の歴史に関わる物語であるが、こちらのほうは文学的なものではなく、宗教的なものということになる。

三角関係　TRIO AMOMUREUX

「なんてこと、夫がいるわ！」

トリオ、三人組、三位一体。三人で愛しあうことは、いつの時代も難しい！

中世*は、その俗語文学の始まり以来、このことを絶えず思い出させてくれる。オック語文学において「至純の恋人」（オック語 fin'amant）が「奥方」（オック語 domna）を愛した場合、この愛は秘匿せざるをえない。中傷者たち（古フランス語 lozengiers、恋人たちの不意をついて暴露しようとする愛の敵）と妬み深い人たち（古フランス語 gèlos、その中には夫もいる）が恋人たちと敵対して存在する。「至純の愛*」（オック語 fin'amor）は社会の抑圧的視線のもとでしか存在しえない。

オイル語文学は、このような詩の伝統に組み入れられており、この愛の葛藤を詩的記号のもとにおくことによって強化している。マルクとトリスタンとイズーは、アーサー*、ランスロ*、グニエーヴルと同様に、その名高い象徴になっている。これらの人物のそれぞれが、愛のために葛藤している中世社会の基本的価値体系の一つを体現している。マルクは王であり夫である。トリスタンは、甥であり恋人である。イズーは妻であり愛人である。アーサーとランスロとグニエーヴルのほうは、血縁でなく友情の地平において、この肥大した愛に生きているということになる。愛情の三角関係は、しばしば心を脅かすものであるが、これが宮廷に入り込んだ場合はなおさらそうである。マルクの側近は、寝室の床に小麦粉をまいて、不倫の恋人たちに罠をしかける。トリスタンは傷つき、血を数滴流すが、このことが彼が王妃の寝室を横切ったことを明らかにする。宮廷におけるアウトローとして、不倫の愛は、社会によって禁じられた愛を育むための閉ざされて私的な空間を、寝室や果樹園というユートピアに求めた。そこには寓意*〔人物〕の「拒絶」がいて、恋人たちの個人的な関係が引き起こす集団的葛藤のことを思い起こさせる。恋人は、君主権にとって脅威であるが、それが甥かつ／あるいは王国で最上の騎士である場合は、さらに封建的均衡を危機に陥れることになる。とはいえ、中世文学は、このことの悲劇的側面のみを追究するにはほど遠く、愛しあう三者を喜劇的かつ侵犯的な側面において検討する。たとえばファブリオーと短編物語《ヌヴェル》は不倫の愛をもっと広い方向から考察するようにと誘う。水まき人が水をかぶる〔しっぺいがえしを喰らうということ〕という方向である。やきもちの夫が妻のごまかしから身を守ろうとするとすれば、それは無分別というものだ。なぜなら、彼は自分の妻にゲームの達人を見いだすことになるだろうし、決定的に笑劇《ファルス》(1)に出てくるような間抜けな男ということになってしまうだろうから。彼は、言葉による詐術がもたらす歓喜のうちに、人びとを楽しませることになるだろう。中世における寝取られ亭主は、悲劇的な王であれ、喜劇的な町人であれ、広く後世へとつながっていく。

（1）十五、十六世紀に最盛期を迎えた喜劇。通常四〇〇行程度の規模で、町人とその女房といった庶民が登場し、だましあいや即妙の会話が展開される。『ピエール・パトラン先生』（一四六四年頃）が代表作とされる〔訳注〕。

トルバドゥール、トルヴェール　TROUBADOUR, TROUVÈRE

南仏のトルバドゥールと北仏のトルヴェールとは、「詩作をする（オック語 trobar）」技術、すなわち「見つけ出す（trouver）」技術に習熟した人びとのことである。ジャクリーヌ・セルキリーニ＝トゥーレが思い起こさせてくれているように、「辛い仕事（labour）」「苦しむ（grever）」「長い仕事（long travail）」「苦労（peine）」「〔創作しようという〕欲求（talent）」が、自分たちの仕事について書く作家たちの筆で繰り返される言葉である。しかしながら、〔作者たちのあいだには〕確かに違いが存在する。トルバドゥールは、ジョフレ・リュデル(1)やギヨーム九世がそうであるように、始めから、大領主でも、君主でも王でもありえた。一般に認められている観念とは違って、トルバドゥールは、安定した地位を享受していない場合であっても、流浪する者ではなかった。保護者（詩作させることと交換に、寵愛して社会的地位を与える大領主）や、時には宮廷にさえずっと雇われていていた。このことは、その創作が語源的な意味で、宮廷風の（courtois）ものだったことを含意する。非常に階級化が進んだ北仏の社会とは異なって、オック語圏の社会は、諸階級へと組織していこうという構想に関して、それほどに厳格ではなかった。そのおかげで、トルバドゥールは「詩作をする」（オック語 trobar）ことによって、もともとの身分を埋め合わせることができた。

（1）生没年不詳、十二世紀中期に活躍。「はるかな恋人」を歌った作品で知られる。ボルドー近辺のブライユの領主であった〔訳注〕。

ギヨ・ド・プロヴァン(1)、ユオン・ドワジー(2)、クレティアン・ド・トロワは一一七〇年頃に、トルバドゥールの模倣者の最初の三人として出現した。彼らは、トルヴェールとして、偉大な宮廷歌の慣用を継いで、形式上の小さな変更を加えながらトルバドゥールの語彙や修辞や主題を用いた。また、簡明な平明体（以下、オック語 trobar leu）を採用して、解釈を要する密閉体（trobar clus）や文彩に富む芸術体（trobar ric）はなおざりにした。一二〇〇年から一二三〇年のあいだ、オイル語圏のすべての地方が、宮廷風の詩の趣味にいまや感化されて、トルバドゥールたちは、詩の伝播の中継者として、無視できない存在になった。かくして、詩人はもはや〔オック語の〕「トロバドール（trobador）」ではなく、〔古フランス語の〕「トルヴオール（trovëor）」、すなわち、あたかもオック語圏の共通語を使っているかのようなにリズムと文体を「見つけ出す人」になった。また、表記法を見つけ出すということでもあった。というのは、どうも文献学的な関心がトルヴェールたちの興味の中心であったらしいからだ。オイル語での叙情の最初の輝きはシャンパーニュの貴族から発したが、この動きは、十二世紀の最後の二十五年にアルトワ、ピカルディー、エノーに移動して、十三世紀後半にはイル・ド・フランス、ブルゴーニュ、ロレーヌに達した。

（1）生没年不詳。宮廷詩人としてヨーロッパ中の宮廷に迎えられた後、修道士に。クリュニー修道院で書いた社会と聖職者を風刺する『ギョの聖書』（Bible Guiot）は一二〇六年頃に成立したと考えられている〔訳注〕。
（2）一一九〇年没。オワジーの領主であった。風刺詩一編と「奥方たちの模擬試合」と題する叙情詩のみが現存する〔訳注〕。

この項目で言及されている文献

J. Cerquiglini-Toulet, *La littérature française : Dynamique et histoire*, *op.cit.*, Paris : Gallimard, 2007, t. 1, pp.58-62

大学　UNIVERSITÉ

カルティエ・ラタンの中心に位置するパリ大学は、最初の大学として中世の大学のモデルになった。十二世紀末における都市の学校の再編成を起源としている。それ自体が、特有言語（ラテン語のこと）と独自の慣習を持つ一つの世界になっていた。すなわち、大学《ウーニウエルシタース》（ラテン語 universitas）という語は、団体に関わる法律用語の領域に属していた。すなわち、教師と学生による自立した同業者集団という現実のことだった。彼らは、規約を備えており、公的な決定機関（学長とナシオンの代理人）により代表され、独自の印璽を有していた。P・ミショー＝カンタンに言わせれば、大学は、コミューンや同色組合や兄弟団と共に、中世*ラテン世界を特徴づける共同体・団体的な運動の最良の表現になっている。他の権威（王、コミューン、司教）からの大学の独立は、教師たちの偉大な勝利である。この勝利は、教授免許（ラテン語 licencia docendi）〔の授与権〕、すなわち、教育の許可を外部の介入なしにみずから与える権利を一二三一年に決定的に獲得したことによって象徴されている。

さらに具体的に言えば、大学は知識、すなわち学問《ストゥディウム》（ラテン語 studium）の共同体だった。四つの学部によって構成されていたが、その第一のものである学芸学部は、上位学部（神学、医学、法学*［「*」は、本書の「法」の項目のこと］）に入るために避けることができない道筋だった。地理的なつながりから構成された四つのナシオン（フランス、イングランド、ピカルディー、ノルマンディー）が学生の学業の日常的な枠組みだった。そこで彼らは、相互扶助、援助、友愛、連帯を経験することになる。

とはいえ、教会の機関だったので、大学の組織は他の組織と同様ではなかった。教皇庁により、キリスト教世界規模における正統の槍の刃として、また、それも異端に対する闘いという文脈において構想されたため、大学はあらゆる地域的な、とくに司教による監視から自由で、教皇の権力にのみ従属するということになっていた。その代わりに、すべての構成員は、聖職者*という教会法上の身分にあると規定されていた。結果として、大学は制度上は自立しているにも関わらず、知的自由ということに関しては、教会*に対して相当に依存するように束縛されていた。その一方で大学は、学位取得者や博士からますます多くの使用人を雇いつつあった王権に威厳を与える装置であるということが明らかになっていく。

この項目で言及されている文献

P. Michaud-Quantin, *Universitas. Expressions du mouvement communautaire dans le Moyen Âge latin*, Paris : Vrin, 1970

高利貸し　USURE

厳密な意味で言えば、「高利貸し《ユジュール》」は利息を伴う貸与を指す中世の言葉である。もっと広い意味では、それに関わる罪*のことを指す。というのも、キリスト教の教会*にとって利息を伴う融資は、貪欲や吝嗇、さらには盗みと同一視されるものであり、まず聖職者に、次に一般信徒に禁じられ、罪であるとしてつねに強く非難されていた。スコラ学*の世界では、グラティアヌスによって体系化された教会法*と、アリストテレスによる理財学が次のように論ずる。借金の返済に追加が付与されることは、不正である。なぜなら、それは債務者に時を売るということを前提にするが、時は神にしか属さないからである。さらに金銭とは本質的に不毛なもので、実を結んだり、利益のもととなることはありえない。そんなことがあれば、自然に反しているということになるだろう。

ユダヤ人だけが、利率があまり高くないという条件で融資をすることができた。ユダヤ人は高利貸しを営む民族だと考えられていたので、彼らがたび重なる追放の犠牲になったことは、彼らが金貸しの活動をしているということにより正当化された。実際には、たとえば為替手形を使って禁令をすり抜けることが、中世*においては、とくにロンバルディアものと呼ばれるイタリアの両替商や、カオールものと呼ばれるアキテーヌ地方の金貸しによって行なわれていた。

教会の禁令で印象的なのは、慈悲を深く植えつけることによって社会を統制しようという教会の意思である。経済や、利益の追求よりも、慈悲という美徳によって、社会的紐帯を築き強固にしようとしたのである。

韻文、散文　VERS, PROSE

韻文《ヴェール》で小説《ロマン》を書くことができるだろうか？　小説《ロマン》で韻文《ヴェール》を書くことはできるだろうか？　現代の読者にとっては、なんと馬鹿げた質問だろう。

こんにち、「ロマン」（roman）は散文で書かれた物語形式のことであるが、中世*にとってはロマン語、すなわち、（古）フランス語で書かれたもののことだった。だから、ロマンで書く（écrire en roman）というのは、ラテン語で書かないということであり、ロマンを書く（écrire un roman）というのは物語を書くということだった。それというのも、散文と詩を区別するようになるのは比較的遅いということを思い起こさなければならない。十三世紀までは、叙情を目的としない場合においてさえ、韻文は書きものの特権的形態だった。韻文は、文学の口承性と同時に記憶術の概念に組み込まれていた。話しを容易に覚えることを可能にしてくれていたのだ。八音節、一〇音節、一二音節《アレクサンドラン》がありえるが、それぞれが、語りもの、叙事詩あるいは聖人伝、教訓詩の特徴となっている。韻文テクストの生産に断絶が見られるようになるのは、史料編纂の発展に伴ってのことだ。というのも、歴史の題材（ジョフロワ・ド・ヴィルアルドゥワン、ロベール・ド・クラリ、ジョワンヴィル〔「年代記、編年記」の項を参照のこと〕）も、ブルターニュ〔の物語〕の題材も（『ペルレスヴォー』、『散文ランスロ』、『散文トリスタン』）も、真実への配慮から散文で書かれるようになった。中世末に発展した「脱韻文化」の実践は、韻文形式のせいでとりつきにくくなっていたり、古びていたりしているテクストを「読めるようにする」ことを目標としていた。散文を選択するということは、それが真実を語ろうとしたり、テクストを読みやすくしようという欲求として現われている以上、そこに賭けられているもっと深いものを時に明るみに出す。たとえば、とくにブルゴーニュ宮廷で散文への移し替えが発展し、多くなされたことを見れば、フィリップ善王の治下、封建貴族*が凋落していく時代に、宮廷の文人たちが過去のテクストに依拠しつつ、騎士道の理想を高揚させていた様が分かる。

さらに、顕著なこととして、韻文と散文が同一の作品の中で混ざりあうということがある。たとえば、『オテアの書簡』(*L'Épistre Othea*)〔一四〇〇~〇一年頃〕においてクリスティーヌ・ド・ピザンは韻文テクストと散文の注釈を交互に配置した。ギヨーム・ド・マショーは、『真実の物語詩』(*Le Voir Dit*)〔一三六四年〕において、語りの枠の内に叙情的な詩〔とメロディー〕を挿入した。中世における文学創作の技術は、想定されるような韻文と散文の分割に基づいているのではない。われわれは、もっと複雑な題材構成のモデルへと差し向けられているのである。

中世文学は、人が想定している場所にいつもいるとは限らないのだ。

村落　VILLAGE

村落は、小教区*と共に、中世*の人びとによる共同体のもう一つの基本構造だった。それは生活区画であり、最初は墓地と教会、やがては城*という、要となる場所に人びとを集めた。墓地は、田園の周辺から共同体の内部、教会のそばに移動した。教会自体も、その周辺に聖なる空間を広げていた。その後、城が住居をその足もとに、しばしば計画的に集中させた。「区画入れ（encellulement）」（R・フォシェ）、すなわち、固定された軸の周りに人びとを再編成するということである。

根本的に、村落は小教区の中心にあった。はっきりとした境界がつけられており、そこに属する土地は、耕作可能地も未開地（森、荒れ地、沼）も農民によって開拓された。村落において、その一体性を保証するのは、法的統一性、すなわち、区画に付与されて、住民共同体の全体に認知されている法である。その一例は、飼料に関するしきたりだった。このような法は共同体という概念と、法的人格という概念の基本となるものだった。しかも、村落での生活は家畜の放牧権や領主裁判、また、鍛冶場、居酒屋、製粉所、井戸、共同洗濯場、肥だめのように農村社会の人間関係にとって決定的な場所に関係して入り組んだ共同生活によって織りなされていた。

大きく四つの型の村落が見つかっている。地中海世界では、ロッカ（イタリア語 rocca）と呼ばれる険しい岩峰の上に位置する城砦（イタリア語 castro）の周りに家々がひしめいていた。通りは狭く、庭はなく、広場もない。岩があたりを見下ろしている。パリ盆地とフランス北部では、家々は隣接しておらず、背面は柵に、正面は何もない空間へと開かれている。区画は、人びとが集まり議論をする開放された空間である公共広場の周囲に配置されていた。「町の囲い」（中世ラテン語 circuitus）が、十字架を点々と並べながら家々を取り囲んでいた。教会には防御が施されていた。ドイツでは、村落は柵に閉ざされ、堀に囲まれて、寄せ集められていた。つまり、城砦（burg）である。最後にフランスの大西洋沿岸地方と大陸の北西部では、一つの場所からその両側に複数の村落が長く延びていた。

区画は規則的で、おそらくは計画的に組織されていた。全体は、柵（中世ラテン語 cingulum）によって区切られていた。最後に、魅力的な法的身分（自由権《フランシーズ》）の創設を忘れてはならない。そうして領主は、入植者の一団を土地に住まわせた。開拓集落（sauveté）、イタリアではヴィッラ・フランカ（villa franca）、アキテーヌではバスティード（bastide）、もっと一般的に〔フランスで〕はヴィルヌーヴ（villeneuve）と呼ばれるところのことである。

この項目で言及されている文献

R. Fossier, « Encellulement », in *Dictionnaire encyclopédique du Moyen Âge*, dir. A. Vauchez, Paris : Cerf, 1997, p. 525

訳者あとがき

本書は、Nelly Labère, Bénédicte Sère, *Les 100 mots du Moyen Âge*（Coll. « Que sais-je ? » n° 3890, P.U.F., Paris, 2010）の翻訳である。著者は二人とも女性の若手研究者である。ネリー・ラベール氏は、パリ第四大学（ソルボンヌ）でセルキリーニ＝トゥーレ教授の指導を受けて十五世紀に成立した『新百話』に関する博士論文を提出して、現在は、ボルドー第三大学のフランス文学講座の准教授を務める。ベネディクト・セール氏は、パリ第一大学でクロード・ゴヴァール教授の指導の下、十三世紀から十五世紀に書かれた『ニコマコス倫理学』の注解書における友情についての記述の研究で博士論文を提出し、現在はパリ第十大学（ナンテール）の歴史講座の准教授である。二人とも、みずからの研究を発表する他、論集の編纂にも関わっており、若手の研究者として精力的な学究活動を行なっている。また、ラベール氏は、高校生向けに作文の参考書を執筆しており、教育活動にも熱心であることが窺われる。本書のそれぞれの項目には署名はないものの、文学に関する項目はラベール氏、制度、思想など歴史に関わる項目はセール氏が執筆した。

キーワードの解説によって西欧中世を語る試みは、わが国でもすでにアニェス・ジェラールの『ヨーロッパ中世社会史事典』（藤原書店、一九九一年）が池田健二氏の訳により出版されている。技術史を除くすべての項目を一人の歴史家が執筆した書物でありながら、「騎士道物語」や「宮廷風恋愛」、「トゥルバドゥール」という文学の項目が設けられるなど、広い視点をとって中世の社会を輪郭づけたものに正確な訳がついており、こんにちに至るまでこの時代に関心のある者がぜひ参考にするべき書物であり続けている。私は歴史に関しての学術的訓練が不足しているので、本書を訳すに際してこの本をつねに座右に置いていた。とはいえ、一九八六年にこの本の原書が出版されてからすでに四半世紀以上が流れ、そのあいだには中世に関する諸分野の研究も多く積み重ねられた。その意味で、新しい研究の動向を作り出している当事者による書物が待ち望まれていたといえる。また、本書には文学研究者が半分の項目を執筆していることにより、中世の現実と想像界が良いバランスで描かれているという利がある。

一般的にフランスのクセジュ文庫に収められる書物は、その分野の碩学が限られたスペースを惜しみながら、その学識をこれ以上ない形に凝縮して提示するという性質を持つ。本書は少し趣きを異にして、若手の研究者が哲学、歴史、文学を専攻する学生や一般の読者にこの時代への関心を呼び起こすべく、これまでの着実な研究に基づきながらも時に想像力を羽ばたかせて、中世の諸相を分かりやすく、魅力的に伝えようとしている。

原書には、一切脚注が設けられず、先行研究についても研究者の名前が挙げられるのみで、典拠は示されていない。（〔　〕で囲んだ説明、〔＝　〕で囲んだ言い換えはすべて訳注である。）このような形態は、上に書いたような送り手の意図に基づいているのであろう。しかし、日本でこの翻訳を手に取る読者の多くは、この書物を通してさらに専門的な知識を得ようという方々だろう。翻訳の最終段階でそのような事情を著者たちに伝えて、研究者の名前が挙げられている箇所については、その出典を教えてもらった。それらを本書の各項目の末尾に示した上で、参考文献一覧の「本書において言及されている文献」の項目にまとめておいた。時間の制約で間に合わなかった数点を除いて出典にあたったが、要約が必ずしも出典の字句に従っていないものもあるのは、高度に専門的な見解を嚙んで砕いて伝えようとした結果であると考えられる。

本書の形態についてもう一つ書くと、白水社文庫クセジュの「一〇〇語でわかる」シリーズでは、原書ではＡＢＣ順になっているものをテーマに分類してアイウエオ順に並び替えるのが主流になっている。もしそれにらって、本書の項目をテーマ別に分類すると、以下のようになるだろう（順番はＡＢＣ順のまま）。

１／中世の歴史

概論

中世（MOYEN ÂGE）

諸身分

騎士（CHEVALIER）、聖職者（CLERC）、修道士（MOINE）、貴族（NOBLESSE）、農民（PAYSAN）、騎

馬槍試合（TOURNOI）

法と国家

コミューン（自由都市）（COMMUNE）、法（DROIT）、帝国（EMPIRE）、国家（ÉTAT）

社会制度・機関

ベネフィキウム（恩貸地、聖職禄）（BÉNÉFICE）、尚書局長（CHANCELIER）、城、城代《シャトラン》（CHÂTEAU, CHÂTELAIN）、助言（CONSEIL）、封建制、封土（FÉODALITÉ, FIEF）、租税（IMPÔT）、公職（OFFICE）、軍役（OST）、高等法院（PARLEMENT）、領主制（SEIGNEURIE）

社会理念

十字軍（CROISADE）、名誉（HONNEUR）、君主の威厳（MAJESTÉ）、平和（PAIX）、改革（RÉFORMATION）、神権政治（THÉOCRATIE）

社会の諸相

信心会（CONFRÉRIE）、開墾（DÉFRICHEMENTS）、大市（FOIRE）、小教区（PAROISSE）、貧困（PAUVRETÉ）、ペスト（PESTE）、高利貸し（USURE）、村落（VILLAGE）

教会の制度

公会議（CONCILE）、教皇庁（PAPAUTÉ）

教会と社会

教会（ÉGLISE）、破門（EXCOMMUNICATION）、托鉢修道会（ORDRE MENDIANT）

キリスト教と人間

告解（CONFESSION）、恩寵（GRÂCE）、異端（HÉRÉSIE）、罪（PÉCHÉ）、巡礼（PÈLERINAGE）、煉

獄（PURGATOIRE）

学問

アヴェロエス主義（AVERROÏSME）、唯名論（NOMINALISME）、スコラ学（SCOLASTIQUE）、大学（UNIVERSITÉ）

2／中世の文学・芸術

言語

オック語／オイル語（OC/OÏL）、ロマニア（*ROMANIA*）

文学的特性・技法

寓意（ALLÉGORIE）、作者（AUTEUR）、組み立てる（CONJOINDRE）、書くこと（ÉCRITURE）、テクストの可動性、可変性（MOUVANCE, VARIANCE）、口承性（ORALITÉ）、「移し替え《トランスラーティオー》」（TRANSLATION）、

韻文、散文（VERS, PROSE）

書物

図書館（BIBLIOTHÈQUE）、献辞（DÉDICACE）、彩色装飾（ENLUMINURE）、写本（MANUSCRIT）

文学作品

年代記、編年記（ANNALES, CHRONIQUES）、動物寓意譚《ベスティエール》（BESTIAIRE）、聖書（BIBLE）、武勲詩（CHANSON DE GESTE）、百科全書（ENCYCLOPÉDIE）、道徳的逸話《エクセンプルム》、聖人伝（*EXEMPLUM* ET VIE DE SAINT）、

ファブリオー（FABLIAUX）、ゴリアール（GOLLIARD）、レー（LAI）、マルコ・ポーロ（MARCO POLO）、君主鑑（MIROIR DES PRINCES）、『薔薇物語』（*ROMAN DE LA ROSE*）、阿呆劇《ソティ》、塡め込み詩《ファトラジー》（SOTTIE, FATRASIE）、世俗劇・宗教劇（THÉÂTRE PROFANE/THÉÂTRE RELIGIEUX）、トルバドゥール、トルヴェール（TROUBADOUR, TROUVÈRE）

文学作品のうちとくにアーサー王物語

アーサー王（ARTHUR）、グラアル（GRAAL）、ランスロ（LANCELOT）、メルラン（MERLIN）

文学テーマ

古代（ANTIQUITÉ）、冒険（AVENTURE）、美醜（BEAUTÉ ET LAIDEUR）、謝肉祭（CARNAVAL）、至純の愛、宮廷風恋愛（*FIN'AMOR*, AMOUR COURTOIS）、驚異（MERVEILLE）、媚薬（PHILTRE AMOUREUX）、笑い（RIRE）、夢、幻視（SONGE, VISION）、三角関係（TRIO AMOMUREUX）

登場人物

奥方、姫君、乙女（DAME, DAMOISELLE, PUCELLE）、剣（ÉPÉE）、妖精（FÉE）、フォルトゥナ（FORTUNE）

美術・芸術

大聖堂（CATHÉDRALE）、多声音楽（POLYPHONIE）、タペストリー（TAPISSERIE）

しかし、このような体裁を敢えてとらなかったのは、どのようにテーマを切り分けても、「教会」「十字軍」のようにそれをまたいでしまう項目が多いということばかりではない。著者の一人ネリー・ラベール氏に初めてお会いしてお話しを伺った折に、項目の選定にあたっては、かなり吟味して、同じ情報が重ならないようにしたばかりではなく、配列にも相当に配慮したということを聞いた。事実、たとえば本書の「托鉢修道会（ORDRE MENDIANT）」から「ペスト（PESTE）」までの一一項目は、歴史に関する項目が並んでいるし、「レー（LAI）」から「テクストの可動性、可変性（MOUVANCE, VARIANCE）」までの一〇項目は、中に歴史に関する項目を二つ含むものの、「レー」、「ランスロ」、「メルラン」、「驚異」という関連の深い項目を中に含んでいる。これは偶然だろうか？　そう思うと、たとえば「騎士（CHEVALIER）」と「聖職者（CLERC）」、また「笑い（RIRE）」と「薔薇物語（*ROMAN DE LA ROSE*）」がさも偶然のように並んでいることも面白く思われてくる。さらに内容的にも、後の方に出てくる項目には前に出てきたことを踏まえての記述をしているように思われる。読者には、辞典的に各項目を読んでいただくよりは、セール氏とラベール氏が仕組んだ中世の迷宮をさまよいながら通読していただいた方が、この時代の文化と社会が持つ魅力に気がついていただけること大だろうと考えた次第である。

以上、この書が一般読者に向けられているという側面を強調したが、勉強しざかりの研究者が最新の研究動向を反映させたものであり、訳していて蒙を啓かれるところ大であった。たとえば、不条理詩と演劇を取り扱った「阿呆劇《ソティ》、塡め込み詩《ファトラジー》（SOTTIE, FATRASIE）」は、わが国では訳語も定着していない用語を多く含んでおり、大いに悩まされた。訳を進めていく中で、最新の研究書、参考書、これまでにそろえておくべきだった辞書・事典を知り、私の研究室の書棚もずいぶんと充実した。

以下には、個人的な述懐をお許し頂きたい。翻訳のお話しをいただいた時、一日一項目のペースでも四か月でできると思ってやらせてもらうことにしたが、やり始めてみると、たちまちにそのような甘い認識を持ったおのれの愚かさを恥じる羽目になった。文学、歴史、哲学、美術史という学術分野を横断し、最先端の話題を含む一〇〇項目が行間に豊かにニュアンスを含んで提示されているのである。ちょうど本務校を福岡から東京に移したタイミングで、学外でもたくさんの仕事を抱えたこともあり、話しをいただいてから三年近くの月日を費やしてしまった。その間最初の担当だった中川すみさんは退社し、浦田滋子さんに仕事は引き継がれた。遅々として進まない私の歩みを見守って下さったお二人の辛抱に感謝する。

本書との出会いとここまでの歩みは、さまざまな方々との幸運な出会いに彩られたものだった。私を白水社に紹介してくれたのは、西洋中世学会の若手セミナーで出会った名古屋大学の加納修氏だった。全く不案内の中世哲学については、一部の訳語に関して福岡大学時代の同僚で、私と同じ時期に東京に移ってきた慶應義塾大学の上枝美典氏のアドバイスをいただいた。中世フランス文学のメーリングリスト、ドッケドイル（doc-et-doil）およびアーサー王学会のメーリングリストのメンバーの皆さん、とりわけ岡田真知夫先生には、いつもいきなりの不躾で要領をえない質問に我慢強く丁寧に答えていただいた。そして、東北大学の黒岩卓氏には、「阿呆劇《ソティ》、塡め込み詩《ファトラジー》（SOTTIE, FATRASIE）」の訳語に関して貴重な助言をいただいたばかりではなく、留学中同級生だったネリー・ラベール氏に二〇一二年の夏、パリで私を引き合わせる労をとっていただいた。二〇一三年一月にラベール氏が東北大学で講演会をした折に、黒岩氏の運転で松島に行った時のことはとりわけ思い出深い。私たちは、観光船のデッキから、カモメに餌をやる遊びに興じた。彼女と友人として接することができるようになったことは、私の宝である。セール氏には、ラベール氏と共に、最終段階でメールで急ぎで送った質問表に対して丁寧に答えていただいた。お二人とも大学のお仕事で多忙の折であったのにも関わらず（どこの国でも若手の先生は忙しい！）、私の頓珍漢な質問にも大変丁寧に答えていただくとともに、励ましの言葉をいただいた。

以上の方々や、他の先生、先輩、後輩、友人が、いつでも質問をと言って下さっていたのにも関わらず、本書に残る間違いは（残念ながら翻訳に間違いがない筈はない）、すべて私の能力のなさと、臆病なくせに傲慢な性格の責に帰すものである。翻訳に際しては、原文に忠実に、読みやすくということを心がけたが、果たしてそうなっているかの判断は読者に委ねる他はない。ご指導、ご鞭撻をお願い致したい。

大事にしていただいたのに、大した仕事もできないままに去ってしまった福岡大学の旧同僚や、現在の研究環境を下さっている成城大学への謝辞は、翻訳ではなく自著を出版するまでとっておこう。私の訳書として初めて出版されるこの本は、私の都合で震災直後に、故郷の福岡から東京に連れてきた妻と二人の子どもたちに捧げる。

二〇一四年一月、川崎市多摩区の自宅にて

高名康文

五十音順一〇〇語リスト

ア行

カ行

ナ行

ハ行

参考文献

a. 本書において言及されている文献

1. 研究書

1-1. 中世の歴史・美術・思想関連

F. Autrand, *Naissance d'un grand corps de l'État*, Paris : Université de Paris I, Panthéon Sorbonne, 1981.

D. Barthélemy, *Nouvelle histoire de la France médiévale : l'ordre seigneurial, XIe-XIIe siècle*, Paris : Seuil, 1990.

M. Bloch, *La société féodale*, 2 vols., Paris : Albin Michel, 1939-1940.（マルク・ブロック『封建社会　1・2』，新村猛／盛岡敬一郎／大高順雄／神沢栄三（訳），みすず書房，1973-1977 年；マルク・ブロック『封建社会』，堀米庸三（監訳），岩波書店，1995 年）.

P. Bonnassie, *La Catalogne du milieu du Xe siècle à la fin du XIe siècle. Croissance et mutations d'une société*, 2 vols., Toulouse : Presses universitaires Mirail, 1975-1976.

P. Bonnassie, *Les cinquante mots clefs de l'histoire médiévale*, Toulouse : Privat, 1991.

J. Chiffoleau, « Sur le crime de majesté médiéval », in *Genèse de l'État moderne en Méditerranée*, Rome : l'École française de Rome, 1993, p.183-213.

G. Dahan, *L'exégèse chrétienne de la Bible en Occident médiéval*, Paris : Cerf, 1999.

A. de Libera, *La philosophie médiévale*, Paris : P.U.F., 1995.

H. de Lubac, *Exégèse médiévale : les quatre sens de l'Écriture*, Paris : Aubier, 4 vols., 1959-1964.

J. Delumeau, *Le péché et la peur, la culpabilisation en Occident XIIIe-XVIIIe siècles*, Paris : Fayard, 1990.（ジャン・ドリュモー『罪と恐れ　西洋における罪責意識の歴史　十三世紀から十八世紀』，佐野泰雄・他（訳），新評論，2004）.

G. Duby, *La société aux XIe et XIIe siècles dans la région mâconnaise*, Paris : Éditions de l'École des Hautes Études en Sciences Sociales, 1953 (thèse de doctorat d'État).

G. Duby, « Au XIIe siècle, les 'jeunes' dans la société aristocratique », *Annales, économies, sociétés, civilisations*, 19 (1964), p. 835-846.

G. Duby, *Hommes et structures du Moyen Âge*. Paris et La Haye : Mouton, 1973.

P. Gilli, *La Noblesse du droit. Débats et controverses sur la culture juridique et le rôle des juristes dans l'Italie médiévale (XIIe-XVe siècles)*, Paris : Champion, 2003.

B. Guenée, *L'Occident aux XIVe et XVe siècles*, Paris : PUF, 1971, 5ème éd. 1993.

J. Huizinga, *Herfsttij der middeleeuwen*, Haarlem : Tjeenk Willink, 1919.（ホイジンガ『中世の秋　1・2』，堀越孝一（訳），中央公論新社（中公クラシックス），2001 年）.

D. Iogna-Prat, *La Maison-Dieu. Une histoire monumentale de l'église au Moyen Âge*, Paris : Seuil, 2006.

J. Krynen, *L'empire du roi. Idées et croyances politiques en France (XIIIe-XVe siècle)*, Paris : Gallimard, 1993.

J. Le Goff, *La naissance du purgatoire*, Paris : Gallimard (folio histoire), 1981.（ジャック・ル・ゴッフ『煉獄の誕生』，渡辺香根夫／内田洋（訳），法政大学出版局（叢書ウニベルシタス），1988 年）.

J. Le Goff, *La bourse et la vie : économie et religion au Moyen Âge*, Paris : Hachette, 1986.（ジャック・ル・ゴッフ『中世の高利貸　金も命も』，渡辺香根夫（訳），法政大学出版局（叢書ウニベルシタス），1989 年）.

P. Michaud-Quantin, *Universitas. Expressions du mouvement communautaire dans le Moyen Âge latin*, Paris : Vrin, 1970.

N. Offenstadt, *Faire la paix au Moyen Âge*, Paris : Odile Jacob, 2007.

E. Panofsky, *Gothic architecture and scholasticism*, Latrobe, Pa., Archabbey Press, 1951（E・パノフスキー『ゴシック建築とスコラ学』，前川道郎（訳），筑摩書房（ちくま学芸文庫），2001 年）.

L'Aveu. Antiquité et Moyen Âge. Actes de la table ronde (Rome, 28-30 mars 1984), Roma : École française de Rome, 1986.

1-2. 中世の言語と文学関連

P.-Y. Badel, *Le Roman de la Rose au XIVe siècle. Étude de la réception de l'œuvre*, Genève : Droz, 1980.

M. Banniard, « Le français et la latinité : de l'émergence à l'illustration. Genèse de la langue française (IIIe-Xe siècles) », in *Histoire de la France littéraire*, t.1, *Naissances, renaissances : Moyen Âge-XVIe siècle*, dir. F. Lestringant, éd. F. Lestringant et M. Zink, Paris : P.U.F., 2006, p.9-35.

D. Boutet, *La chanson de geste. Forme et signification d'une écriture épique du Moyen Âge*, Paris : P.U.F., 1993.

B. Cerquiglini, *Éloge de la variante. Histoire critique de la philologie*, Paris : Seuil, 1989.

M.-D. Chenu, *« Auctor, actor, autor »*, *Bulletin du Cange*, 3 (1927), pp.81-86.

E. R. Curtius, *Europäische Literatur und leteinisches Mittelater*, Bern : Francke, 1954.（E・R・クルツィウス『ヨーロッパ文学とラテン中世』，南大路振一／岸本通夫／中村善也（訳），みすず書房，1971 年）.

E. Doudet et J. Koopmans, « L'obscénité dans les arts dramatiques d'expression française (1450-1550) », in *Obscène Moyen Âge ?*, dir. Nelly Labère, Paris : Champion, (à paraître).

J. Frappier, *Chrétien de Troyes*, Nouvelle éd. revue et augmentée, illustrée, Paris : Hatier, 1968.（ジャン・フラピエ『アーサー王物語とクレチャン・ド・トロワ』松村剛（訳）, 朝日出版社 , 1988 年）.

G. Hasenohr, « Le livre de part et d'autre de Gutenberg. Le livre manuscrit », in *Histoire de la France littéraire*, t.1, *op.cit.*, pp.151-173.

J. Koopmans, « Contre-textes et contre-sociétés », in *Texte et contre-texte pour la période pré-moderne*, dir. Nelly Labère, Bordeaux : Ausoinus, 2013, pp. 53-61.

J. Le Goff et E. Le Roy Ladurie, « Mélusine maternelle et défricheuse », *Annales, économies, sociétés, civilisations* 26, 3-4 (1971), p.587-622.（ル＝ゴフ、ルロワ＝ラデュリ「母と開拓者としてのメリュジーヌ」松村剛（訳),『妖精メリュジーヌ物語　西洋中世奇譚集成』, 講談社（講談社学術文庫), 2010 年所収）.

H. Meschonnic, *Critique du rythme*, Paris : Verdier, 1982.

D. Poirion, *Le Roman de la Rose*, Paris : Hatier, 1973.

L. Rossi, « Introduction », in *Fabliaux érotiques*, éd. L. Rossi, Paris : Librairie générale française (Le livre de poche, lettres gothiques), 1992, pp.9-58.

M. Stanesco, « De la confusion des langues au miracle de la Pentacôte », in *Histoire de la France littéraire*, t. 1, *op.cit.*, pp.78-95

P. Verhuyck, « Fatras et sottie », *Fifteenth-Century Studies*, 18 (1991), pp.285-299.

P. Zumthor, *Essai de poétique médiévale*, Paris : Seuil, 1972.

P. Zumthor, *Introduction à la poésie orale*, Paris : Seuil, 1983.

2. 概説書

J. Cerquiglini-Toulet et al., *La littérature française : Dynamique et histoire*, dir. Jean-Yves Tadié, Paris : Gallimard, 2007, t. 1.

J. Dufournet et Cl. Lachet, *Littérature française du Moyen Âge*, 2 vols., Paris : Garnier-Flammarion, 2003.

Histoire de la France littéraire, t.1, *Naissances, renaissances : Moyen Âge-XVIe siècle*, dir. F. Lestringant, éd. F. Lestringant et M. Zink, Paris : P.U.F., 2006.

Précis de littérature française du Moyen Âge, dir. D. Poirion, Paris : P.U.F., 1983.

3. 辞書・事典

Dictionnaire du Moyen Âge, dir. C. Gauvard, A. de Libera et M. Zink, Paris : P.U.F., 2002.

Dictionnaire encyclopédique du Moyen Âge, dir. A. Vauchez, Paris : Cerf, 1997.

b. 上記以外で訳者が訳出にあたって特に参考にした文献

1. 概説書

ソーニェ（ヴェルダン＝ルイ・)『中世フランス文学』, 神沢栄三／高田勇（訳）, 白水社（文庫クセジュ）, 1990 年 .

バデル（ピエール＝イヴ・)『フランス中世の文学生活』, 原野昇（訳）, 白水社 , 1993 年 .

ブーテ（ドミニック•）／ストリューベル（アルマン•）『中世フランス文学入門』, 白水社（文庫クセジュ）, 1983 年 .
ベディエ／アザール『フランス文学史　I～III』, 辰野隆／鈴木信太郎（監修）, 創元社 , 1942-43 年 .

2. 辞書・事典

Dictionnaire des lettres françaises. Le Moyen Âge, préparé par R. Bossuat, L. Pichard et G. Raynaud de Lage ; revue et mise à jour sous la direction de G. Hasenohr et M. Zink, Paris : Fayard, 1994.
グラウト（D. J.）／パリスカ（C. V.）『グラウトパリスカ新西洋音楽史　上•中•下』, 戸口幸策／津上英輔／寺西基之（訳）, 音楽之友社 , 1998-2001 年 .
ジェラール（アグネ•）『ヨーロッパ中世社会史事典』, 池田健二（訳）, 藤原書店 , 1991 年 .
上智学院新カトリック大事典編纂委員会編『新カトリック大事典』, 研究社 , 1996-2010 年 .
中川純男編『哲学の歴史　3』中央公論新社 , 2008 年 .
マイヤー（ベルンハルト•）『ケルト事典』, 鶴岡真弓監修／平島直一郎（訳）, 創元社 , 2001 年 .

c. 本書で言及されている中世の作品の邦訳

1. 歴史書

エインハルドゥス／ノトケルス『カロルス大帝伝』, 国原吉之助（訳）, 筑摩書房 , 1988 年 .
グレゴリウス（トゥールの）『歴史十巻（フランク史）　1・2』, 兼岩正夫／臺幸夫（訳）, 東海大学出版会（東海大学古典叢書）, 1975-1977 年 .
グレゴリウス（トゥールの）『フランク史　一〇巻の歴史』, 杉本正俊（訳）, 新評論 , 2007 年 .
ジェフリー・オブ・モンマス『ブリタニア列王史　アーサー王ロマンス原拠の書』, 瀬谷幸男（訳）, 南雲堂フェニックス , 2007 年 .
ジョフロワ・ド・ヴィルアルドゥワン『コンスタンチノープル征服記　第四回十字軍』, 伊藤敏樹（訳）, 講談社（講談社学術文庫）, 2003 年 .
ロベール・ド・クラリ『コンスタンチノープル征服記　第四回十字軍』, 伊藤敏樹（訳）, 筑摩書房 , 1995 年 .

2. 文学作品

アンドレーアース・カペルラーヌス『宮廷風恋愛について　ヨーロッパ中世の恋愛指南書』, 瀬谷幸男（訳）, 南雲堂 , 1993 年 .
ギヨーム•ド•ロリス／ジャン•ド•マン『薔薇物語　1・2』, 篠田勝英（訳）, 筑摩書房（ちくま文庫）, 2007 年 .
クードレット『妖精メリュジーヌ物語　西洋中世奇譚集成』, 松村剛（訳）, 講談社（講談社学術文庫）, 2010 年 .

ザックス（ハンス・）『ハンス・ザックス謝肉祭劇全集』，藤代幸一／田中道夫（訳），高科書店，1994 年．

ダンテ『神曲』，平川祐弘（訳），河出書房新社，1992 年．

プルデンティウス「霊魂を巡る戦い」，家光敏光（訳），プルデンティウス『日々の賛歌　霊魂をめぐる戦い』，家光敏光（訳），創元社（キリスト教古典叢書），1967 年所収．

ボエティウス『哲学の慰め』，畠中尚志（訳），岩波書店（岩波文庫），1984 年．

ボッカッチョ『デカメロン』，平川祐弘（訳），河出書房新社，2012 年．

ポーロ（マルコ・）『全訳マルコ・ポーロ東方見聞録　『驚異の書』fr.2810 写本』，月村辰雄／久保田勝一（訳），岩波書店，2002 年．（マルコ・ポーロ『東方見聞録』月村辰夫／久保田勝一（訳），岩波書店，2012 年）．

マリー・ド・フランス『十二の恋の物語』，月村辰雄（訳），岩波書店（岩波文庫），1988 年．

リシャール・ド・フルニヴァル「愛の動物誌」，福本直之（訳），『フランス中世文学名作選』白水社，2013 年所収．

ルイス（フアン・）『よき愛の書』，牛島信明／冨田育子（訳），国書刊行会，1995 年．

―アーサー王物語群
クレチアン・ド・トロワ「ランスロまたは荷車の騎士」，神沢栄三（訳），『フランス中世文学集２』，白水社，1991 年所収．

クレチアン・ド・トロワ「ペルスヴァルまたは聖杯の物語」，天沢退二郎（訳），『フランス中世文学集２』，白水社，1991 年所収．

クレティアン・ド・トロワ『クレティアン・ド・トロワ『獅子の騎士』　フランスのアーサー王物語』，菊池淑子（訳），平凡社，1994 年．

「アーサー王の死」，天沢退二郎（訳），『フランス中世文学集　４』，白水社，1996 年所収．

『聖杯の探索　作者不詳・中世フランス語散文物語』，天沢退二郎（訳），人文書院，1994 年．

―『狐物語』

「狐物語」，山田𣝣／新倉俊一（訳），『世界文学大系 65　中世文学集』，筑摩書房，1962 年所収．

『狐物語』，鈴木覺／福本直之／原野昇（訳），白水社，1994 年．

『狐物語』，鈴木覺／福本直之／原野昇（訳），岩波書店（岩波文庫），2002 年．

『狐物語　２』，鈴木覺／福本直之／原野昇（訳），渓水社，2003 年．

―『トリスタン物語』

ベディエ編『トリスタン・イズー物語』，佐藤輝夫（訳），岩波書店（岩波文庫），1953 年．

ベルール「トリスタン物語」，新倉俊一（訳），『フランス中世文学集　１』，白水社，1996 年所収．

トマ「トリスタン物語」，新倉俊一（訳），『フランス中世文学集　１』，白水社，

1996 年所収．

—トルバドゥール
『トルバドゥール詞華集』，瀬戸直彦（編訳），大学書林，2003 年．

『トルバドゥール恋愛詩選』，沓掛良彦（編訳），平凡社，1996 年．

—ファルス
『ピエール・パトラン先生』，渡辺一夫（訳），岩波書店（岩波文庫），1995 年．

—ファブリオ
『ファブリオ　中世フランス風流譚』，森本英夫（訳），東洋文化社（メルヘン文庫），1980 年．

『フランス中世艶笑譚』，森本英夫（訳），社会思想社（現代教養文庫），1984 年．

『フランス中世処世譚』，森本英夫（訳），社会思想社（現代教養文庫），1985 年．

『フランス中世滑稽譚』，森本英夫／西澤文昭（訳），社会思想社（現代教養文庫），1988 年．

—『ロランの歌』

『ロランの歌』，有永弘人（訳），岩波書店（岩波文庫），1965 年．

「ローランの歌」，佐藤輝夫（訳），『世界文学大系 65　中世文学集』，筑摩書房，1962 年所収．

『世界の英雄伝説 5　ローランの歌』，鷲田哲夫（訳），筑摩書房，1986 年．

—選集
『フランス中世文学集　1 〜 4』，新倉俊一／神沢栄三／天沢退二郎（編）白水社、1990-1996 年．

『フランス中世文学名作選』，松原秀一／天沢退二郎／原野昇（編）白水社、2013 年．


日本で出版されている研究については、以下の文献を参考にされたい。

佐藤彰一／池上俊一／高山博（編）『西洋中世史研究入門　増補改訂版』名古屋大学出版会，2005 年．

原野昇（編）『フランス中世文学を学ぶ人のために』世界思想社，2007 年．

中川純男（編）『哲学の歴史 3 神との対話【中世】』中央公論新社，2008 年．

訳者略歴
高名康文（たかな・やすふみ）
一九六九年生まれ
東京大学文学部仏語仏文学科卒業、東京大学大学院人文社会系研究科博士課程中退。
在学中にポワチエ大学中世文化研究所でDEA取得。
福岡大学人文学部専任講師、准教授、教授を経て成城大学文芸学部准教授。
主要書
Les Études françaises au Japon. Tradition et renouveau, éd. J.-R. Klein et F. Thyrion, Presses universitaires de Louvain, 2010.（共著）
詩集『おやじは山を下れるか？』高岡淳四名義（思潮社、一九九九年）

100語でわかる西欧中世

二〇一四年二月一〇日　印刷
二〇一四年二月二八日　発行

訳者 © 高名康文
発行者　及川直志
印刷所　株式会社　平河工業社
発行所　株式会社　白水社

東京都千代田区神田小川町三の二四
電話　営業部〇三（三二九一）七八一一
　　　編集部〇三（三二九一）七八二一
振替　〇〇一九〇―五―三三二二八
　　　郵便番号一〇一―〇〇五二
http://www.hakusuisha.co.jp
乱丁・落丁本は、送料小社負担にてお取り替えいたします。

製本：平河工業社
ISBN978-4-560-50988-3
Printed in Japan

文庫クセジュ

歴史・地理・民族(俗)学

62 ルネサンス
79 ナポレオン
133 十字軍
160 ラテン・アメリカ史
191 ルイ十四世
202 世界の農業地理
297 アフリカの民族と文化
309 パリ・コミューン
338 ロシア革命
351 ヨーロッパ文明史
382 海賊
412 アメリカの黒人
428 宗教戦争
491 アステカ文明
506 ヒトラーとナチズム
530 森林の歴史
541 アメリカ合衆国の地理
566 ムッソリーニとファシズム
590 中世ヨーロッパの生活
597 ヒマラヤ
604 テンプル騎士団
610 インカ文明
615 ファシズム
636 メジチ家の世紀
648 マヤ文明
664 新しい地理学
665 イスパノアメリカの征服
684 ガリカニスム
689 言語の地理学
709 ドレーフュス事件
713 古代エジプト
719 フランスの民族学
724 バルト三国
731 スペイン史
732 フランス革命史
735 バスク人
743 スペイン内戦
747 ルーマニア史
752 オランダ史
760 ヨーロッパの民族学
766 ジャンヌ・ダルクの実像
767 ローマの古代都市
769 中国の外交
781 カルタゴ
782 カンボジア
790 ベルギー史
810 闘牛への招待
812 ポエニ戦争
813 ヴェルサイユの歴史
814 ハンガリー
816 コルシカ島
819 戦時下のアルザス・ロレーヌ
825 ヴェネツィア史
826 東南アジア史
827 スロヴェニア
828 クロアチア
831 クローヴィス
834 プランタジネット家の人びと
842 コモロ諸島